초등 우리아이 처음신문

시대에듀

요즘 초등학생들은
종이신문을 얼마나 읽을까요?

저와 처음 수업하는 학생들에게 꼭 물어보는 질문 중에 하나는 "혹시 종이신문을 읽니?"라는 질문입니다. 하지만 종이신문을 읽는 아이는 거의 없습니다. 저와 수업하면서 종이신문을 처음 접해 보는 아이들이 훨씬 더 많습니다. 부모님들은 신문에 대한 장점을 알기에 어린이신문을 구독하시는 분들도 있습니다. 하지만 보지 않고 쌓이기만 하다 결국 신문 구독을 끊어버립니다. 아이들도 신문에 대한 재미를 느끼지 못합니다. 신문이 어렵고, 따분하고, 고리타분한 글이라고 생각합니다. 신문으로 수업하는 저로서는 너무나 안타까운 부분이기도 합니다.

신문이 재미있고 즐거울 수 있다는 것을 알려주고 싶었습니다.
실제로 신문에 대한 흥미가 거의 없는 상태에서 수업을 듣다가, 수업이 진행되면서 신문이 생각보다 마음에 든다고 말하는 아이들이 많았습니다. 어떤 학생들은 수업 중에 신문 읽기에 빠져들어 자기가 발견한 기사를 집중해 읽거나 서로 읽은 기사들을 친구와 나누기도 합니다.

신문에는 다양한 글들이 있습니다. 그리고 우리가 살아가는 세상과 밀접한 이야기들이 가득합니다. 신문기사를 천천히 읽다 보면 흥미롭게 다가오는 기사들이 있습니다. 그런 기사들을 시간을 내어 부모님과 읽고 이야기를 나누다 보면 더욱 신문을 재미나게 느낄 수 있습니다. 또 여러 분야의 기사를 읽으며 저절로 배경지식이 함께 쌓이게 됩니다.

수업을 하면서 안타깝게 느끼는 부분이 또 하나 있습니다. 신문기사 자체를 활용하기 보다는 문제집처럼 사용하는 것입니다. 최근 시중에 나온 신문활용교육 도서 중에는 기사 한 편을 읽고 기사내용에 대한 문제만 맞추고 끝나는 것들이 많습니다. 하지만 기사를 최대한 활용해 아이들의 사고력을 훨씬 확장할 수 있는데요. 이 책은 그런 부분에 초점을 맞추어 만들었습니다.

기사내용에 대한 확인은 OX퀴즈와 중심내용을 찾는 활동으로 구성하고, 기사 속 어휘를 강조해 어휘력을 향상할 수 있도록 만들었습니다. 특히 기사마다 실린 '사고력 붕붕' 코너는 아이들이 기사와 관련된 다양한 활동을 하며 뇌의 여러 부분을 자극할 수 있도록 구성했습니다.

여러 분야의 기사를 읽고 다채로운 활동을 하면서, 조금이라도 생각을 확장하고 재미를 느끼며 배경지식도 가득 쌓였으면 하는 바람으로 만들었습니다.

신문은 매력적이 면이 무척 많습니다. 이 책을 통해 아이들이 어휘력도, 문해력도, 사고력도, 배경지식도 챙기고 무엇보다 신문의 매력을 느끼기를 바랍니다.

2025년 2월
NIE(신문활용교육) 전문가 **김민정(오카쌤)**

분야별 기사를 읽고, 중요 어휘를 쏙쏙

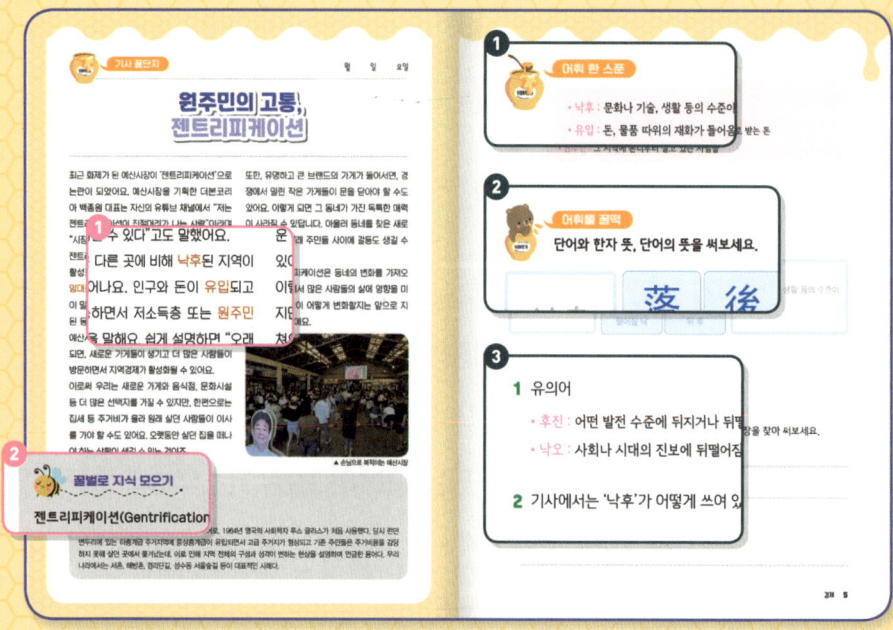

1. 기사 꿀단지와 지식을 모으는 꿀벌!

▶ 경제, 사회, 국제 등 6개 분야별로 쓴 기사를 통해 최근 시사상식과 배경지식을 쌓을 수 있어요.

❶ 기사를 읽으며 빨간 글씨로 표시된 단어를 보고 의미를 떠올려보세요.

❷ 기사와 관련된 배경지식을 더 알아보며, 시사상식을 더욱 풍성하게 쌓을 수 있어요.

2. 어휘 한 스푼을 꿀떡!

❶ 기사에 강조된 어휘의 의미를 살펴보면서, 내가 생각한 의미와 같은지 다른지 생각해보세요.

❷ 단어의 한자와 뜻을 함께 써보며 단어의 의미를 더 깊게 학습할 수 있어요

❸ 이 단어에는 어떤 비슷한 단어가 있는지 살펴보고, 기사 속에 단어가 어떻게 쓰였는지 더 알아봐요. 또 단어를 넣어 나만의 문장을 써보세요.

기사의 내용을 더 알아보고, 사고력 높이는 다양한 활동도!

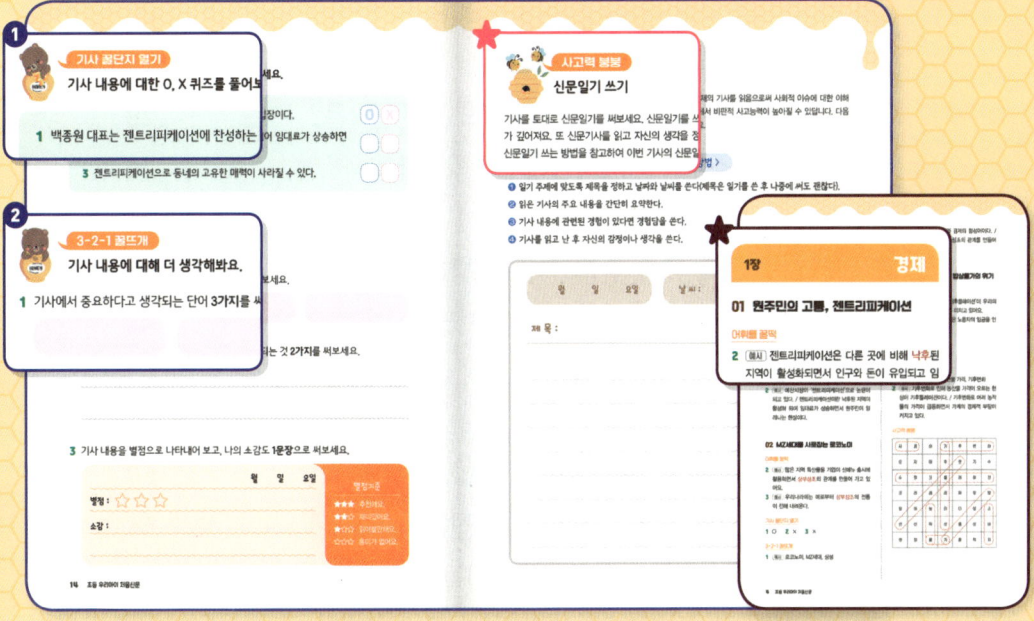

3. 기사 꿀단지 열고, 꿀뜨개로 내용 술술!

▶ 기사에 어떤 내용이 있었는지 다시 생각해보고, 무엇을 알게 되었는지 떠올려봐요.

❶ OX퀴즈를 풀면서 기사에 대한 올바른 설명인지 맞춰보세요.

❷ 내가 생각한 기사의 중요단어 3가지와 중요내용 2가지를 써보세요. 마지막으로 기사를 읽은 나의 소감을 1문장으로 정리하면 기사 읽기 끝!

4. 기사를 활용한 다양한 활동으로 사고력이 붕붕!

★ NIE(신문활용교육) 전문가가 준비한 다채로운 활동으로 사고력과 창의력을 동시에 높일 수 있어요. 자유롭게 쓰고 그려봐요!

5. 문제에 대한 정답과 예시도 책 끝에 잘 정리해두었어요.

★ 정답이 없는 문제도 있어요! 나 스스로 자유롭게 생각하고 쓰는 문제랍니다.

1장 경제

- 원주민의 고통, 젠트리피케이션 ········· 12
- MZ세대를 사로잡는 로코노미 ········· 16
- 기후변화가 가져온 밥상물가의 위기 ········· 20
- 나만의 특별한 소비, 토핑경제 ········· 24
- 트럼프의 관세폭탄, 한국경제의 생존전략은? ········· 28
- 한국 조선업, 세계시장에서 주목받다 ········· 32
- 김값이 금값? '김플레이션' ········· 36
- 글로벌 부유세, 슈퍼리치를 겨냥하다! ········· 40
- 작은 사치로 큰 행복, 스몰럭셔리 ········· 44

2장 사회

- AI를 믿을 수 있을까? ········· 50
- 퓨전한복, '전통문화 알려 vs 전통가치 훼손' ········· 54
- "족보가 족발보쌈 세트?" 아이들의 문해력 ········· 58
- 늘어나는 노○○존, 서로 배려하고 이해해요 ········· 62
- 소셜미디어로부터 청소년을 지켜라 ········· 66
- 새로운 문화공간 팝업스토어 ········· 70
- 소싸움, '전통문화 vs 동물학대' ········· 74
- 출산율이 낮아진 한국, 어떻게 해결할까? ········· 78
- 항공사 컵라면 서비스 중단, 차별 아닌가요? ········· 82

3장 국제

- 원숭이 대탈출! 주민들은 불안해요 ········· 88
- 노트르담 대성당, 다시 열리다 ········· 92
- 논란 속의 우크라이나 전쟁 관광 ········· 96
- 아름다운 바르셀로나, 관광객이 너무 많아요! ········· 100
- 에베레스트에 등반할 때는 배변봉투 지참! ········· 104
- 이집트 피라미드 건설의 비밀 ········· 108
- 인도네시아에서 개발한 '물고기 우유' ········· 112
- 콜로세움, 테마파크로 변신? 검투사 체험 논란 ········· 116
- 파나마 운하, 기후변화의 도전에 직면하다 ········· 120

4장 과학

- 나무로 만든 인공위성, 리그노샛 ... 126
- 말라리아의 습격, 예방수칙을 잘 지켜요 ... 130
- 머지않아 타게 될 자율주행 자동차 ... 134
- 미래의 에너지원, 재생에너지 ... 138
- 벼락이 떨어졌다! 안전하게 대피해요 ... 142
- 소금으로 전기를 저장한다? ... 146
- 스페이스X의 스타십, 수직 착륙 성공 ... 150
- 제주도의 특별한 아나운서 ... 154
- 초록색의 '추풍낙엽', 계절을 착각한 나무 ... 158

5장 환경

- 라니냐? 어떤 영향을 주나? ... 164
- 엘니뇨로 하얗게 질려버린 산호초 ... 168
- 미래의 먹거리 '식용곤충' ... 172
- 새로운 과일 지도, 국내산 망고 등장! ... 176
- 스위스 빙하의 눈물 ... 180
- 젖소도 놀란 덴마크의 방귀세 ... 184
- 제로웨이스트, 지구를 지키는 멋진 방법! ... 188
- 지구의 온도계, 우리가 바로 히어로! ... 192
- LA 산불, 기후변화가 가져온 경고 ... 196

6장 문화

- 피라미드 앞에 우뚝 선 강익중의 '네 개의 신전' ... 202
- 미키마우스, 저작권의 마법이 풀리다 ... 206
- 테일러 스위프트의 영향력 ... 210
- 한강 작가, 2024년 노벨 문학상 수상! ... 214
- 한국 애니메이션의 새로운 아이콘, '하츄핑' ... 218

정답과 예시 ... 224

* 원주민의 고통, 젠트리피케이션

* MZ세대를 사로잡는 로코노미

* 기후변화가 가져온 밥상물가의 위기

* 나만의 특별한 소비, 토핑경제

* 트럼프의 관세폭탄, 한국경제의 생존전략은?

* 한국 조선업, 세계시장에서 주목받다

* 김값이 금값? '김플레이션'

* 글로벌 부유세, 슈퍼리치를 겨냥하다!

* 작은 사치로 큰 행복, 스몰럭셔리

1장

경제

 기사 꿀단지

월   일   요일

원주민의 고통, 젠트리피케이션

최근 화제가 된 예산시장이 '젠트리피케이션'으로 논란이 되었어요. 예산시장을 기획한 더본코리아 백종원 대표는 자신의 유튜브 채널에서 "저는 젠트리피케이션이 진절머리가 나는 사람"이라며 "시장을 통째로 옮길 수 있다"고도 말했어요.

젠트리피케이션은 다른 곳에 비해 낙후된 지역이 활성화되면서 일어나요. 인구와 돈이 유입되고 임대료 등이 상승하면서 저소득층 또는 원주민이 밀려나는 현상을 말해요. 쉽게 설명하면 "오래된 동네가 새롭게 변하는 것"이에요. 예를 들어, 예산시장처럼 외면받던 곳을 사람들이 많이 찾게 되면, 새로운 가게들이 생기고 더 많은 사람들이 방문하면서 지역경제가 활성화될 수 있어요.

이로써 우리는 새로운 가게와 음식점, 문화시설 등 더 많은 선택지를 가질 수 있지만, 한편으로는 집세 등 주거비가 올라 원래 살던 사람들이 이사를 가야 할 수도 있어요. 오랫동안 살던 집을 떠나야 하는 상황이 생길 수 있는 것이죠.

또한, 유명하고 큰 브랜드의 가게가 들어서면, 경쟁에서 밀린 작은 가게들이 문을 닫아야 할 수도 있어요. 이렇게 되면 그 동네가 가진 독특한 매력이 사라질 수 있답니다. 아울러 동네를 찾은 새로운 주민들과 원래 주민들 사이에 갈등도 생길 수 있어요.

이렇듯 젠트리피케이션은 동네의 변화를 가져오지만, 그 과정에서 많은 사람들의 삶에 영향을 미쳐요. 예산시장이 어떻게 변화할지는 앞으로 지켜봐야 할 문제예요.

▲ 손님으로 북적이는 예산시장

 꿀벌로 지식 모으기

젠트리피케이션(Gentrification)

신사계급을 뜻하는 '젠트리(Gentry)'에서 나온 용어로, 1964년 영국의 사회학자 루스 글라스가 처음 사용했다. 당시 런던 변두리에 있는 하층계급 주거지역에 중상층계급이 유입되면서 고급 주거지가 형성되고 기존 주민들은 주거비용을 감당하지 못해 살던 곳에서 쫓겨났는데, 이로 인해 지역 전체의 구성과 성격이 변하는 현상을 설명하며 언급한 용어다. 우리나라에서는 서촌, 해방촌, 경리단길, 성수동 서울숲길 등이 대표적인 사례다.

어휘 한 스푼

- **낙후** : 문화나 기술, 생활 등의 수준이 뒤떨어짐
- **유입** : 돈, 물품 따위의 재화가 들어옴
- **임대료** : 남에게 물건이나 건물 따위를 빌려준 대가로 받는 돈
- **원주민** : 그 지역에 본디부터 살고 있는 사람들

어휘를 꿀떡

단어와 한자 뜻, 단어의 뜻을 써보세요.

| 낙 후 | 落 (떨어질 낙) | 後 (뒤 후) | 문화나 기술, 생활 등의 수준이 뒤떨어짐 |

1 유의어
  - **후진** : 어떤 발전 수준에 뒤지거나 뒤떨어짐
  - **낙오** : 사회나 시대의 진보에 뒤떨어짐

2 기사에서는 '낙후'가 어떻게 쓰여 있는지 '낙후'가 들어간 문장을 찾아 써보세요.

3 위 단어를 넣어 한 문장 만들기를 해보세요.

경제 **13**

기사 꿀단지 열기

기사 내용에 대한 O, X 퀴즈를 풀어보세요.

1. 백종원 대표는 젠트리피케이션에 찬성하는 입장이다.
2. 젠트리피케이션이란 낙후된 지역이 활성화되어 임대료가 상승하면서 원주민이 밀려나는 현상이다.
3. 젠트리피케이션으로 동네의 고유한 매력이 사라질 수 있다.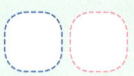

3-2-1 꿀뜨개

기사 내용에 대해 더 생각해봐요.

1. 기사에서 중요하다고 생각되는 단어 **3가지**를 써보세요.

2. 기사 내용 중 새롭게 알았거나 중요하다고 생각되는 것 **2가지**를 써보세요.

3. 기사 내용을 별점으로 나타내어 보고, 나의 소감도 **1문장**으로 써보세요.

월   일   요일

별점 : ☆☆☆

소감 :

별점기준
★★★ 추천해요.
★★☆ 재미있어요.
★☆☆ 읽어볼 만해요.
☆☆☆ 흥미가 없어요.

신문일기 쓰기

앞 기사를 토대로 신문일기를 써보세요. 신문일기를 쓰면 다양한 주제의 기사를 읽음으로써 사회적 이슈에 대한 이해가 깊어져요. 또 신문기사를 읽고 자신의 생각을 정리하는 과정에서 비판적 사고능력이 높아질 수 있답니다. 다음 신문일기 쓰는 방법을 참고하여 이번 기사의 신문일기를 써보세요.

〈 신문일기 쓰기 방법 〉

❶ 일기 주제에 맞도록 제목을 정하고 날짜와 날씨를 쓴다(제목은 일기를 쓴 후 나중에 써도 괜찮다).
❷ 읽은 기사의 주요 내용을 간단히 요약한다.
❸ 기사 내용에 관련된 경험이 있다면 경험담을 쓴다.
❹ 기사를 읽고 난 후 자신의 감정이나 생각을 쓴다.

월　　　일　　　요일　　　　날씨 :

제 목 :

 기사 꿀단지   월   일   요일

MZ세대를 사로잡는 로코노미

최근 '로코노미'가 새로운 소비 트렌드로 자리 잡고 있어요. 로코노미는 지역(Local)과 경제(Economy)의 합성어로, 지역의 고유한 특색을 담은 소비 트렌드를 의미해요. 이러한 트렌드는 특히 20~30대의 MZ세대(밀레니얼 + Z세대) 사이에서 큰 인기를 끌고 있어요.

대표적인 사례로는 2021년 한국맥도날드의 '창녕 갈릭버거', 2022년 '보성 녹돈버거', 2023년 '진도 대파크림 크로켓버거', 그리고 2024년 '진주 고추크림 치즈버거'가 있어요. 이 중 '진주 고추크림 치즈버거'는 출시된 후 6일 만에 50만 개나 팔리는 등 선풍적인 인기를 끌었답니다. 또한 스타벅스코리아도 '문경 오미자피지오' 출시를 계기로, '이천 햅쌀라테', '공주 보늬밤라테', '옥천 단호박라테' 등 꾸준히 '지역상생음료'를 개발하고 있답니다. 여러 지역 특산물을 기업들이 신메뉴 출시에 활용하면서 지역과 상부상조의 관계를 만들어 가고 있어요.

이렇듯 로코노미가 급부상한 이유는 MZ세대의 소비패턴 변화에 있어요. 이들은 착한기업의 제품을 소비하는 가치 소비에 의미를 둔답니다. 로코노미로 인해 지역경제가 활성화되고, 기업은 상품을 차별화하여 경쟁력을 강화할 수 있어요. 아울러 착한기업의 이미지를 갖게 될 수도 있답니다.

앞으로 로코노미는 더욱 다양한 형태로 발전할 것으로 예상돼요. 그리고 지역과 기업 간의 연결이 더욱 강화될 것으로 기대되고 있어요.

▲ 지역 특산물을 소개하는 백화점의 팝업 코너

 꿀벌로 지식 모으기

다양한 지역 특산물

- 경기도 : 이천-쌀, 가평-잣
- 강원도 : 평창-감자, 횡성-한우, 강릉-오징어
- 충청도 : 단양-마늘, 충주-사과, 공주-밤
- 경상도 : 영덕-대게, 성주-참외, 부산-어묵
- 전라도 : 금산-인삼, 영광-굴비, 순창-고추장
- 제주도 : 한라봉, 옥돔

어휘 한 스푼

- **선풍적** : 갑자기 발생하여 사회에 큰 영향을 미치거나 관심을 끌 만한 것
- **상생** : 둘 이상이 서로 북돋우며 다 같이 잘 살아감
- **특산물** : 어떤 지방에서 특별하게 생산되는 물건
- **상부상조** : 서로서로 도움

어휘를 꿀떡

단어와 한자 뜻, 단어의 뜻을 써보세요.

| 상부상조 | 相 서로 상 | 扶 도울 부 | 相 서로 상 | 扶 도울 조 | 서로서로 도움 |

1 유의어
- **협력** : 힘을 합하여 서로 도움
- **공생** : 서로 도우며 함께 삶

2 기사에서는 '상부상조'가 어떻게 쓰여 있는지 '상부상조'가 들어간 문장을 찾아 써보세요.

3 위 단어를 넣어 한 문장 만들기를 해보세요.

기사 꿀단지 열기

기사 내용에 대한 O, X 퀴즈를 풀어보세요.

1 로코노미는 지역(Local)과 경제(Economy)의 합성어이다.   O X

2 로코노미는 특히 40~50대들 사이에서 인기를 끌고 있다.

3 로코노미는 지역만 이익을 얻는 구조의 소비 트렌드이다.

3-2-1 꿀뜨개

기사 내용에 대해 더 생각해봐요.

1 기사에서 중요하다고 생각되는 단어 **3가지**를 써보세요.

2 기사 내용 중 새롭게 알았거나 중요하다고 생각되는 것 **2가지**를 써보세요.

3 기사 내용을 별점으로 나타내어 보고, 나의 소감도 **1문장**으로 써보세요.

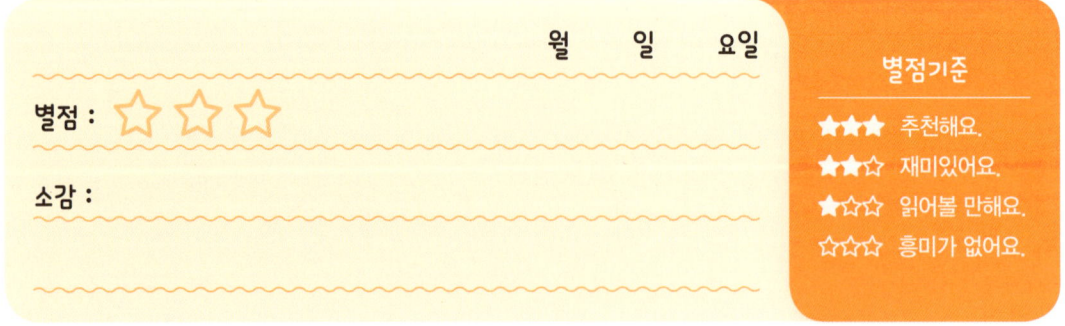

사고력 붕붕
신메뉴 만들기

로코노미에 관한 앞의 기사와 지식 모으기의 글을 참고하여 나만의 로코노미식 신메뉴를 만들어 보세요.

〈 보 기 〉

 기사 꿀단지

월 일 요일

기후변화가 가져온 밥상물가의 위기

기후변화로 인한 '기후플레이션'이 우리의 밥상 물가에 심각한 영향을 미치고 있어요. 기후플레이션이란 '기후'와 '인플레이션'이 합쳐진 말이에요. 폭염과 한파 같은 이상기후와 기후변화로 인해 농작물의 생산량이 줄어들고, 그로 인해 농산물 가격이 오르는 현상을 말해요. 최근 여러 농작물의 가격이 급등하면서 가계의 경제적 부담이 커지고 있는데요. 특히 사과, 배, 배추, 상추와 같은 주요 농산물의 가격상승이 두드러집니다.

사과의 가격은 기후변화로 최근 39% 상승했어요. 소비자들은 가격상승에 따라 사과 소비를 줄이거나 저렴한 대체품을 찾는 경향을 보이고 있어요. 특히 사과의 대체품 중 하나인 배의 가격이 무려 154.6%나 상승하여, 소비자들에게 큰 충격을 주었죠. 이러한 가격상승은 가계의 물가 부담을 더욱 가중시키고 있답니다.

배추 가격도 최근 15% 상승하여 한 포기당 6,888원에 이르렀어요. 여름철의 폭염과 잦은 비

가 배추 생산에 부정적인 영향을 미쳤고, 이는 직접적인 가격인상으로 이어졌죠. 흔히 구입해 먹는 상추 또한 예외가 아닌데요. 이는 가정에서 식사 준비를 하는 데에 어려움을 더하고 있어요.

우리의 밥상물가를 더 어렵게 만드는 이러한 기후플레이션은 앞으로도 지속될 가능성이 높을 것으로 보여요.

 꿀벌로 지식 모으기

다양한 ○○플레이션의 종류

- **피시플레이션** : 수산물을 뜻하는 'Fisheries'와 인플레이션의 합성어로, 수산물 가격이 오르는 현상이다.
- **면플레이션** : 면과 인플레이션의 합성어로, 짜장면이나 칼국수 등 면 음식의 가격이 오르는 현상이다.
- **슈링크플레이션** : 줄어든다는 뜻의 'Shrink'와 인플레이션의 합성어로, 제품의 가격은 유지하되 크기나 중량을 줄여 가격인상 효과를 얻는 것을 의미한다.

어휘 한 스푼

- 물가 : 물건의 값
- 급등 : 물가나 시세 따위가 갑자기 오름
- 가계 : 한 집안 살림의 수입과 지출의 상태
- 대체품 : 무엇을 대신하는 물품

어휘를 꿀떡

단어와 한자 뜻, 단어의 뜻을 써보세요.

| 물 가 | 物 (물건 물) | 價 (값 가) | 물건의 값 |

1 유의어
- 시가 : 시장에서 상품이 매매되는 가격
- 시세 : 일정한 시기의 물건값

2 기사에서는 '물가'가 어떻게 쓰여 있는지 '물가'가 들어간 문장을 찾아 써보세요.

3 위 단어를 넣어 한 문장 만들기를 해보세요.

기사 꿀단지 열기

기사 내용에 대한 O, X 퀴즈를 풀어보세요.

1. 사과 가격이 올라 소비자들은 사과 대신 배의 소비를 늘리고 있다. O X
2. 기후플레이션이란 기후변화로 농작물의 가격이 오르는 현상을 말한다. O X
3. 과학의 발전으로 곧 기후플레이션 현상은 해결될 것이다. O X

3-2-1 꿀뜨개

기사 내용에 대해 더 생각해봐요.

1. 기사에서 중요하다고 생각되는 단어 **3가지**를 써보세요.

2. 기사 내용 중 새롭게 알았거나 중요하다고 생각되는 것 **2가지**를 써보세요.

3. 기사 내용을 별점으로 나타내어 보고, 나의 소감도 **1문장**으로 써보세요.

월   일   요일

별점 : ☆☆☆

소감 :

별점기준
★★★ 추천해요.
★★☆ 재미있어요.
★☆☆ 읽어볼 만해요.
☆☆☆ 흥미가 없어요.

사고력 붕붕
가로세로 낱말 맞추기

기사와 지식 모으기에 나온 단어들을 다음 가로세로 낱말상자에 찾아보세요. 가로, 세로, 대각선으로 단어들이 숨어 있답니다. 단어는 사과를 포함하여 모두 9개입니다.

사	과	와	기	후	변	화
오	자	미	후	면	기	수
슈	링	크	플	레	이	션
크	로	레	레	사	장	밥
림	이	농	이	다	상	소
션	신	작	션	물	상	비
빵	집	물	가	풀	력	자

경제 23

 기사 꿀단지

월   일   요일

나만의 특별한 소비, 토핑경제

요즘 Z세대(1990년대 중반~2010년대 초반 출생한 세대) 사이에서 '토핑경제'가 주목받고 있어요. 토핑경제는 피자에 여러가지 토핑(치즈, 페퍼로니, 채소 등)을 올려서 나만의 맛있는 피자를 만드는 것처럼, 소비자가 기본제품에 자신이 좋아하는 것들을 추가해서 나만의 특별한 물건을 만드는 새로운 소비 트렌드를 말해요.

이 소비 트렌드는 외식업 시장에서 Z세대가 선호하는 음식에 두드러지고 있는데요. 대표적인 사례로 요거트 아이스크림 전문점 '요아정(요거트 아이스크림의 정석)'이 큰 인기를 얻고 있어요. 국내 한 금융사의 빅데이터 분석에 따르면, 요아정의 2024년 상반기 이용 건수는 작년 같은 기간에 비해 약 422% 증가했다고 해요. 요아정은 50가지가 넘는 다양한 토핑 덕분에 자신만의 독특한 조합을 만들 수 있어 큰 호응을 얻고 있죠.

또 음식뿐 아니라 패션에서도 토핑경제가 각광받고 있어요. '백꾸(백 꾸미기)'라 하여 책가방이나 핸드백 등에 각종 인형들을 달아 장식하기도 하고요. '신꾸'라고 해서 신발에 리본을 묶거나 진주를 다는 등 다채롭게 꾸미기도 하죠.

이렇게 토핑경제는 단순한 소비를 넘어, 개인의 취향과 창의성을 중시하는 새로운 경제적 흐름을 만들어가고 있어요. 이 트렌드는 앞으로도 계속해서 성장할 것으로 보이며, 기업들도 이에 맞춰 다양한 서비스와 지속적인 변화가 가능한 제품 개발에 주력할 것으로 여겨져요.

 꿀벌로 지식 모으기

출생시기별 세대를 뜻하는 다양한 용어
- 알파세대 : 2013년 이후 출생자
- 젠지세대(Z세대) : 1997~2012년 사이 출생자
- 밀레니얼세대(M세대) : 1981~1996년 사이 출생자
- X세대 : 1965~1980년대 사이 출생자
- 베이비부머 세대 : 1950~1960년대 출생자
- MZ세대 : 밀레니얼세대와 젠지세대를 합쳐서 부르는 용어(1981~2012년 사이 출생자)

어휘 한 스푼

- 소비자 : 물건을 사거나 쓰는 사람
- 외식업 : 사람들에게 음식을 전문적으로 판매하는 영업
- 각광 : 어떤 대상에 대한 많은 사람들의 관심이나 흥미, 인기
- 취향 : 하고 싶은 마음이 생기는 방향

어휘를 꿀떡

단어와 한자 뜻, 단어의 뜻을 써보세요.

| 각 광 | 脚 (다리 각) | 光 (빛 광) | 어떤 대상에 대한 많은 사람들의 관심이나 흥미, 인기 |

1 유의어
- 주시 : 어떤 목표물에 주의를 집중하여 봄
- 스포트라이트 : 세상 사람의 주목이나 관심을 받음을 비유적으로 이르는 말

2 기사에서는 '각광'이 어떻게 쓰여 있는지 '각광'이 들어간 문장을 찾아 써보세요.

3 위 단어를 넣어 한 문장 만들기를 해보세요.

기사 꿀단지 열기
기사 내용에 대한 O, X 퀴즈를 풀어보세요.

1. 요즘 Z세대들 사이에서 토핑경제가 인기를 얻고 있어요.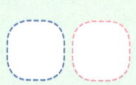
2. 토핑경제는 상점 주인이 자기 상품에 마음대로 여러 요소들을 추가하여 파는 판매 트렌드에요.
3. 토핑경제는 음식뿐 아니라 패션에서도 나타나고 있어요.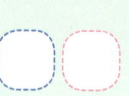

3-2-1 꿀뜨개
기사 내용에 대해 더 생각해봐요.

1. 기사에서 중요하다고 생각되는 단어 **3가지**를 써보세요.

2. 기사 내용 중 새롭게 알았거나 중요하다고 생각되는 것 **2가지**를 써보세요.

3. 기사 내용을 별점으로 나타내어 보고, 나의 소감도 **1문장**으로 써보세요.

    월   일   요일

    별점 : ☆☆☆
    소감 :

    별점기준
    ★★★ 추천해요.
    ★★☆ 재미있어요.
    ★☆☆ 읽어볼 만해요.
    ☆☆☆ 흥미가 없어요.

사고력 붕붕
책가방 꾸미기

패션에서도 토핑경제가 각광받고 있다고 해요. 아래의 가방을 나만의 *콘셉트를 정해서 '백꾸(백 꾸미기)'를 해보세요. 인형도 달아보고, 색칠도 해보고, 그림도 그려보면서 나만의 가방을 꾸며보세요. 그리고 가방을 꾸민 콘셉트에 대해 아래 노트에 써보세요.

*콘셉트 : 어떤 작품이나 제품 따위에서 드러내려고 하는 주된 생각

 기사 꿀단지

월   일   요일

트럼프의 관세폭탄, 한국경제의 생존전략은?

도널드 트럼프 미국 대통령은 'MAGA-Make America Great Again(미국을 다시 위대하게)'라는 구호를 통해 미국의 과거 영광을 회복하겠다는 의지를 보이며, 많은 유권자들의 지지를 얻었어요. 그 결과 미국의 제47대 대통령으로 다시 당선되었어요. 그가 후보 시절부터 강조한 정책 중 하나가 보호무역주의예요. 보호무역주의란 자국의 산업을 보호하기 위해 외국제품이 들어올 때 높은 세금을 매기는 정책인데요. '미국 우선주의'를 내세우는 트럼프는 모든 수입품에 10%의 관세를 매길 수 있다고 밝혔어요. 이는 미국에 물건을 수출하는 우리나라 기업들에게 부정적인 영향을 미칠 수 있어요.

우리나라는 미국과의 무역에서 항상 흑자를 기록해 왔지만, 트럼프의 관세 인상은 우리의 수출구조에 변화를 불러올 수 있답니다. 특히 우리나라의 주요 수출품목인 자동차, 이차전지, 전자제품 등이 타격을 받을 가능성이 커요. 이러한 산업 부문에서 생산과 일자리가 줄어드는 문제가 발생할 수도 있어요. 우리나라는 경제구조상 수출에 많이 의존하기 때문에, 이러한 변화에 대처하는 것이 매우 중요하답니다.

따라서 트럼프 행정부의 관세정책이 우리경제에 미치는 영향을 결코 무시할 수 없어요. 우리 기업과 정부는 이에 능동적으로 대응해야 할 것입니다. 물론 미국이 모든 수입품에 관세를 부과하는 것은 국제법적인 문제 때문에 쉽지 않을 수 있지만, 이에 대한 준비와 대응은 꼭 필요해요.

▲ 도널드 트럼프 미국 대통령

 꿀벌로 지식 모으기

보호무역

우리나라의 산업을 보호하고 발전시키기 위하여 외국의 무역에 간섭해 외국상품의 수입을 제한하는 것이다. 나라의 수입은 줄이고 수출을 늘리려는 정책이라고 할 수 있다. 보호무역을 실시하는 나라들은 외국상품의 수입을 제한하기 위해, 높은 관세를 매기거나 상품의 품질이나 수입량을 제한하는 등의 여러 가지 무역장벽을 사용한다. 이러한 정책은 상대국과의 외교적 마찰을 발생시킬 수도 있다.

어휘 한 스푼

- **유권자** : 선거할 권리를 가진 사람
- **자국** : 자기 나라
- **관세** : 다른 나라에서 수입해 오는 물품에 붙는 세금
- **흑자** : 수입(들어온 돈)이 지출(나가는 돈)보다 많을 때 생기는 남는 돈

어휘를 꿀떡

단어와 한자 뜻, 단어의 뜻을 써보세요.

| 자 국 | 自 (스스로 자) | 國 (나라 국) | 자기 나라 |

1 유의어
- **조국** : 자기의 국적이 속하여 있는 나라
- **고국** : 주로 남의 나라에 있는 사람이 자신의 조상 때부터 살던 나라를 이르는 말

2 기사에서는 '자국'이 어떻게 쓰여 있는지 '자국'이 들어간 문장을 찾아 써보세요.

3 위 단어를 넣어 한 문장 만들기를 해보세요.

기사 꿀단지 열기

기사 내용에 대한 O, X 퀴즈를 풀어보세요.

1. 트럼프는 미국의 제48대 대통령으로 당선되었어요.
2. 보호무역이란 다른 나라의 산업을 보호하기 위한 정책이에요.
3. 트럼프의 관세인상은 우리나라의 수출에 타격을 줄 가능성이 커요.

3-2-1 꿀뜨개

기사 내용에 대해 더 생각해봐요.

1. 기사에서 중요하다고 생각되는 단어 **3가지**를 써보세요.

2. 기사 내용 중 새롭게 알았거나 중요하다고 생각되는 것 **2가지**를 써보세요.

3. 기사 내용을 별점으로 나타내어 보고, 나의 소감도 **1문장**으로 써보세요.

월 일 요일	별점기준
별점 : ☆☆☆	★★★ 추천해요.
	★★☆ 재미있어요.
소감 :	★☆☆ 읽어볼 만해요.
	☆☆☆ 흥미가 없어요.

쪽지시험

쪽지시험은 주로 학교에서 학생들이 수업내용을 얼마나 잘 이해하고 있는지를 평가하기 위해 짧은 시간 안에 실시하는 간단한 시험이에요. 보통 수업 중간이나 수업이 끝난 후에 갑자기 실시되며, 학생들은 미리 준비할 시간이 없기 때문에 즉각적인 이해도를 평가할 수 있답니다. 기사와 배경지식, 단어풀이를 읽고 쪽지시험에 도전해보세요.

쪽 지 시 험

트럼프의 관세폭탄, 한국경제의 생존전략은?

1 트럼프가 구호로 외치는 MAGA는 어떤 뜻인지 한글 뜻을 써보세요.

2 2024년 11월 선거로 트럼프는 미국의 몇 대 대통령으로 당선되었나요?

3 다른 나라에서 수입해 오는 물품에 붙는 세금을 무엇이라 하나요?

4 한국의 주요 수출품목은 무엇인가요?

5 '자국'과 비슷한 뜻을 가진 단어를 하나만 써보세요.

6 우리나라의 산업을 보호하고 발전시키기 위하여 외국 상품의 수입을 제한하는 것을 무엇이라 하나요?

 기사 꿀단지

월   일   요일

한국 조선업, 세계시장에서 주목받다

2024년 트럼프 미국 대통령은 재당선 당시 우리나라 대통령과 전화통화를 하면서 한국의 조선업에 대해 언급했어요. 그는 한국 조선업체들이 세계적으로 뛰어난 기술력을 가지고 있으며, 조선업 분야에서 미국은 한국의 도움이 필요하다고 말했어요. 그는 특히 한국의 조선업체들이 고품질의 선박을 생산하고 있다는 점을 높이 평가했어요. 이러한 발언은 우리 조선업의 중요성을 다시 한 번 일깨워 주고 있어요.

우리나라 조선업은 세계에서 인정받고 있어요. 무엇보다 최신기술을 활용하여 고품질에 안정성이 뛰어난 선박을 제작하고 있기 때문이에요. 이는 선주들이 한국 조선업체를 선택하는 중요한 이유 중 하나이기도 해요. 또한, 우리 조선업체들은 유조선, 컨테이너선, LNG 운반선 등 다양한 종류의 선박을 생산하는 능력도 갖추고 있어요.

한국의 조선업이 처음부터 뛰어난 기술을 갖고 있던 것은 아니에요. 1960년대에 정부의 지원과 외부시장의 수요 덕분에 조선업이 빠르게 성장하기 시작했죠. 70년대에는 대형 조선소가 생기면서 대형선박 건조가 가능해졌고, 점차 어엿한 조선국으로 성장했습니다. 80년대 중반에는 인위적인 해운산업 통폐합으로 한때 침체의 늪에 빠지기도 했습니다. 그러다 80년대 말부터 다시 호황기를 맞았고 2000년대 들어서 마침내 세계 1위에 등극했답니다.

앞으로 우리 조선업은 더욱 밝은 미래를 맞이할 것으로 기대되는데요. 국제적으로 환경보호가 중요해지면서, 우리 조선업체들은 친환경 선박을 많이 생산할 계획이라고 해요.

▲ 울산시의 조선소 풍경

 꿀벌로 지식 모으기

우리나라의 반도체 산업

조선업 외에도 우리나라가 세계시장에서 활약하는 산업분야에는 반도체가 있다. 특히 정보를 저장하는 용도로 쓰이는 메모리반도체 분야에서 세계적인 경쟁력을 갖고 있다. 1980년대에 본격적으로 시작된 우리 반도체 산업은 메모리반도체의 소형화와 고속화를 거쳐 저소비 전력화 기술로 변천해왔다. 2023년 기준 우리나라는 세계 메모리반도체 시장에서 60.5%의 비중을 차지하고 있다. 우리나라의 대표적인 반도체 기업에는 삼성전자와 SK하이닉스가 있다.

어휘 한 스푼

- **조선업** : 배를 설계하고 만드는 공업
- **선주** : 배의 주인
- **침체** : 어떤 현상이나 사물이 진전하지 못하고 제자리에 머무름
- **호황기** : 경기(景氣)가 좋은 상태나 시기

어휘를 꿀떡

단어와 한자 뜻, 단어의 뜻을 써보세요.

| 침 체 | 沈 (잠길 침) | 滯 (막힐 체) | 어떤 현상이나 사물이 진전하지 못하고 제자리에 머무름 |

1 유의어
- **정체** : 사물이 발전하거나 나아가지 못하고 한자리에 머물러 그침
- **부진** : 어떤 일이 이루어지는 기세나 힘 따위가 활발하지 아니함

2 기사에서는 '침체'가 어떻게 쓰여 있는지 '침체'가 들어간 문장을 찾아 써보세요.

3 위 단어를 넣어 한 문장 만들기를 해보세요.

경제

기사 꿀단지 열기
기사 내용에 대한 O, X 퀴즈를 풀어보세요.

1. 트럼프 미국 대통령은 우리나라 조선업을 칭찬했다.
2. 한국의 조선업체들은 유조선, 컨테이너선, LNG운반선 등 다양한 종류의 선박을 생산하고 있다.
3. 한국 조선업은 현재 세계 3위이다.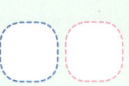

3-2-1 꿀뜨개
기사 내용에 대해 더 생각해봐요.

1. 기사에서 중요하다고 생각되는 단어 **3가지**를 써보세요.

2. 기사 내용 중 새롭게 알았거나 중요하다고 생각되는 것 **2가지**를 써보세요.

3. 기사 내용을 별점으로 나타내어 보고, 나의 소감도 **1문장**으로 써보세요.

월   일   요일

별점: ☆☆☆

소감:

별점기준
★★★ 추천해요.
★★☆ 재미있어요.
★☆☆ 읽어볼 만해요.
☆☆☆ 흥미가 없어요.

사고력 붕붕

타임라인 쓰기

타임라인은 일이나 계획, 사건 따위를 시간의 경과에 따라 나열하거나 정리해 놓은 것을 말해요. 앞의 기사와 아래에 적힌 1960년의 내용을 참고하여 시대별 조선업의 발전과정을 정리해 보세요.

〈 타 임 라 인 〉

1960년대 ▶ 정부의 지원과 외부 시장의 수요 덕분에 조선업이 빠르게 성장하기 시작했다.

경제 35

 기사 꿀단지

월   일   요일

김값이 금값? '김플레이션'

우리나라의 2024년 김 생산량이 이전 해보다 늘어났지만, 김 가격은 60% 가까이 오른 것으로 나타났어요. 한국농수산식품유통공사의 농산물 유통정보(KAMIS)에 따르면, 2024년 8월 30일 기준 마른김의 도매가격은 100장(김 한 속)당 10,780원이었습니다. 이는 1년 전 김 한 속 가격보다 약 60% 오른 것이며, 2년 전에 비해서는 약 두 배쯤 오른 가격이에요.

이렇게 김 값이 오르는 현상을 '김플레이션'이라고 해요. '김'과 '인플레이션'을 합친 말이지요. 김플레이션이 생기는 이유에는 여러 가지가 있어요. 먼저 최근 우리나라의 김이 해외에서 인기가 높아지면서 수출량이 크게 늘었어요. 김은 한국, 중국, 일본에서 주로 생산되는데, 기후변화로 인해 중국과 일본에서는 바다가 따뜻해지면서 생산량이 줄었어요. 이에 따라 많은 나라에서 한국의 김을 찾게 되면서, 수요가 증가하고 가격이 올랐죠. 수출이 늘어나면 생산자들은 해외시장에 더 많은 김을 판매하려고 하므로, 국내 소비자에게 공급되는 양이 줄어들게 되고, 이로 인해 가격이 오르는 현상이 발생합니다.

김플레이션 현상은 단순히 김 가격이 오르는 것에 그치지 않고, 우리 생활에도 큰 영향을 미치고 있어요. 정부는 국내의 김 생산을 늘리기 위해 민간 업체에 자금을 지원하고, 생산면적을 확대하는 등의 노력을 기울이고 있답니다. 앞으로 김 가격이 어떻게 변화할지 주의 깊게 살펴봐야 할 것 같아요.

▲ 김 양식장

 꿀벌로 지식 모으기

기사 속 경제용어

① 생산량 : 어떤 물건을 만드는 양
② 생산자 : 물건을 만드는 사람이나 회사
③ 도매 : 많은 양의 물건을 한 번에 사들이는 것
④ 수출 : 다른 나라에 물건을 파는 것
⑤ 수요 : 사람들이 어떤 물건을 사고 싶어 하는 것
⑥ 공급 : 사람들이 필요로 하는 물건을 제공하는 것

어휘 한 스푼

- **정부** : 나라를 관리하고 운영하는 곳
- **민간** : 정부나 공공기관이 아닌, 개인이나 기업이 자발적으로 운영하는 부분
- **업체** : 사업이나 기업의 주체
- **자금** : 사업을 경영하는 데에 쓰는 돈

어휘를 꿀떡

단어와 한자 뜻, 단어의 뜻을 써보세요.

| 자금 | 資 (재물 자) | 金 (쇠 금) | 사업을 경영하는 데에 쓰는 돈 |

1 유의어

- **자본** : 장사나 사업 따위의 기본이 되는 돈
- **경영비** : 기업이나 사업을 관리하고 운영하는 데 드는 비용

2 기사에서는 '자금'이 어떻게 쓰여 있는지 '자금'이 들어간 문장을 찾아 써보세요.

3 위 단어를 넣어 한 문장 만들기를 해보세요.

기사 꿀단지 열기

기사 내용에 대한 O, X 퀴즈를 풀어보세요.

1. 2024년 김 생산량이 작년보다 늘어서 김 가격은 1년 전보다 떨어졌다.
2. 최근 우리나라의 김이 해외에서 인기가 많다.
3. 최근 국내의 김 공급량이 줄어들었다.

3-2-1 꿀뜨개

기사 내용에 대해 더 생각해봐요.

1 기사에서 중요하다고 생각되는 단어 **3가지**를 써보세요.

2 기사 내용 중 새롭게 알았거나 중요하다고 생각되는 것 **2가지**를 써보세요.

3 기사 내용을 별점으로 나타내어 보고, 나의 소감도 **1문장**으로 써보세요.

월   일   요일

별점 : ☆☆☆

소감 :

별점기준
★★★ 추천해요.
★★☆ 재미있어요.
★☆☆ 읽어볼 만해요.
☆☆☆ 흥미가 없어요.

사고력 붕붕
쪽지시험

쪽지시험은 주로 학교에서 학생들이 수업내용을 얼마나 잘 이해하고 있는지를 평가하기 위해 짧은 시간 안에 실시하는 간단한 시험이에요. 앞의 기사와 배경지식을 읽고 쪽지시험에 도전해 보세요.

쪽 지 시 험

(기사 속 경제 용어)

다음 문장의 빈 칸에 들어 갈 단어를 써보세요.

1. 다른 나라에 물건을 파는 것을 말해요. 예를 들어 한국에서 만든 김치를 외국에 보내는 것이 (   )이에요.

2. 물건을 만드는 사람이나 회사를 말해요. 예를 들어 사과나무를 키워 수확한 사과를 시장에 파는 농부가 (   )이에요.

3. 사람들이 어떤 물건을 얼마나 필요로 하는지를 말해요. 예를 들어 여름에 아이스크림을 많이 먹고 싶어 하는 것처럼요. 이것을 (   )이/라고 말해요.

4. 사람들이 필요로 하는 물건을 얼마나 제공하는지를 말해요. 예를 들어 가게에 아이스크림이 많이 있을 때 (   )이/가 많다고 해요.

5. 어떤 물건을 만드는 양을 말해요. 예를 들어 한 농장에서 얼마나 많은 사과를 수확했는지를 나타내는 거예요. 이것을 (   )이/라고 말해요.

6. 많은 양의 물건을 한 번에 사는 것을 말해요. 가게가 사과를 많이 사서 소비자에게 파는 것처럼요. 이것을 (   )이/라고 말해요.

7. 물건의 가격이 전반적으로 오르는 것을 말해요(초성힌트 'ㅇㅍㄹㅇㅅ').

기사 꿀단지   월   일   요일

글로벌 부유세, 슈퍼리치를 겨냥하다!

2024년 11월, 주요 20개국(G20) 정상들이 모여 중요한 회의를 열었어요. 이 회의에서는 전 세계 경제를 비롯한 글로벌 문제에 대한 논의가 이루어지고 있어요. 또 여러 나라의 재무장관들이 모여서 서로의 의견을 나누는 회의도 있는데요. 이 회의에서 '글로벌 부유세'에 대한 논의가 나왔답니다.

글로벌 부유세는 전 세계에서 손꼽히는 부자들인 '슈퍼리치' 3천 명에게 그들 재산의 최소 2%를 세금으로 부과하는 제도예요. 글로벌 부유세를 통해 사회의 양극화와 불평등을 줄이고, 모두에게 더 나은 기회를 제공하자는 의미를 담고 있습니다.

하지만 부유세에 대한 의견은 두 가지로 나뉘어요. 부유세를 찬성하는 나라로는 브라질을 포함해 독일, 프랑스, 스페인, 남아프리카공화국 등이 있어요. 이 나라들은 부유세로 확보한 재원을 이용해 사회불평등을 해소하고 기후변화와 고령화에 대응할 수 있다고 생각해요.

반면 미국과 아르헨티나 등은 반대하고 있어요. 이 나라들은 부유세가 경제성장에 나쁜 영향을 줄 수 있고, 부유한 사람들이 세금 내기를 피하려고 돈을 다른 나라에 옮길 수도 있다고 주장해요. 그래서 오히려 세수를 줄일 수 있다고 하는데요.

글로벌 부유세에 대한 논의는 앞으로 각국의 경제정책에 큰 영향을 미칠 것으로 예상돼요. 앞으로도 이 이야기에 관심을 가지고 지켜보면 좋겠어요.

▲ 2024년 G20 정상회의에 모인 각국 정상들

꿀벌로 지식 모으기

G20(Group of 20)

G20은 선진 7개국 정상회담(G7)과 유럽연합(EU) 의장국, 신흥시장 12개국 등 총 20개국을 회원으로 하는 국제기구이다. 이들 국가들은 주요 국제 금융현안을 비롯해서 세계경제가 안정적으로 성장하고, 국제 금융위기의 재발을 막기 위한 방안들을 논의한다. 우리나라는 G20 정상회의를 2010년 서울에서 열어 국제금융시장의 안정을 논의했다. G20에서는 회원국의 재무장관과 중앙은행의 총재들이 모여 금융정책을 논의하고 협력하기도 한다.

어휘 한 스푼

- **재무장관** : 나라의 돈과 경제를 관리하는 사람
- **재원** : 재정 자원. 자금(돈)이 나올 원천
- **세금** : 국가나 지방자치단체가 필요한 경비를 충당하기 위해서 국민으로부터 거두어들이는 돈. 국세와 지방세가 있다.
- **세수** : 나라가 세금으로 걷어들이는 돈

어휘를 꿀떡

단어와 한자 뜻, 단어의 뜻을 써보세요.

| 세 금 | 税 (세금 세) | 金 (쇠 금) | 국가나 지방자치단체가 필요한 경비를 충당하기 위해서 국민으로부터 거두어들이는 돈 |

1 유의어
- **조세** : 국가나 지방자치단체가 필요한 경비를 충당하기 위해 국민으로부터 강제적으로 거두는 돈
- **세전** : 국가나 지방자치단체가 필요한 경비로 사용하기 위하여 국민이나 주민으로부터 강제로 거두어들이는 돈

2 기사에서는 '세금'이 어떻게 쓰여 있는지 '세금'이 들어간 문장을 찾아 써보세요.

3 위 단어를 넣어 한 문장 만들기를 해보세요.

경제 **41**

기사 꿀단지 열기

기사 내용에 대한 O, X 퀴즈를 풀어보세요.

1. 글로벌 부유세를 통해 얻은 돈은 사회의 불평등을 줄이는 데 사용된다.
2. 글로벌 부유세는 전 세계 슈퍼리치에게 세금 2%를 부과하는 제도이다.
3. 글로벌 부유세를 찬성하는 나라로는 브라질을 포함해 미국과 아르헨티나가 있다.

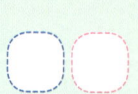

3-2-1 꿀뜨개

기사 내용에 대해 더 생각해봐요.

1. 기사에서 중요하다고 생각되는 단어 **3가지**를 써보세요.

2. 기사 내용 중 새롭게 알았거나 중요하다고 생각되는 것 **2가지**를 써보세요.

3. 기사 내용을 별점으로 나타내어 보고, 나의 소감도 **1문장**으로 써보세요.

월   일   요일

별점 : ☆☆☆

소감 :

별점기준
★★★ 추천해요.
★★☆ 재미있어요.
★☆☆ 읽어볼 만해요.
☆☆☆ 흥미가 없어요.

찬성 vs 반대

앞 기사에서 소개된 '글로벌 부유세 도입'에 대해 여러분은 어떻게 생각하나요? 기사의 내용에서 찬성의 이유와 반대의 이유를 정리해 보고 자신의 의견을 써보세요.

논제 : 슈퍼리치들에게 글로벌 부유세를 부과해야 한다.

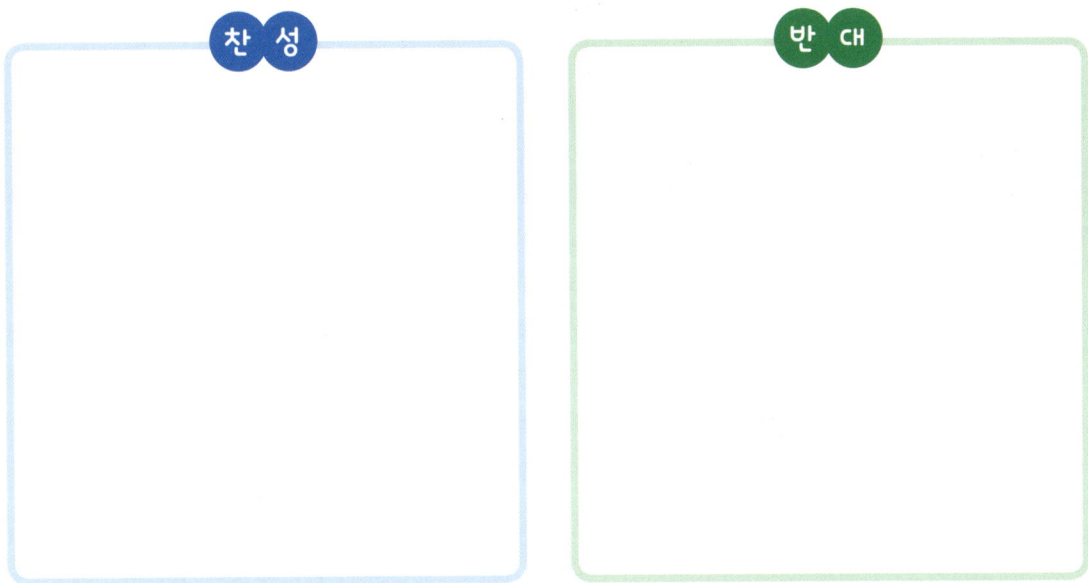

'글로벌 부유세 도입'에 대해 나의 의견은 (찬성/반대)이다.

왜냐하면

 기사 꿀단지

월 일 요일

작은 사치로 큰 행복, 스몰럭셔리

요즘 '스몰럭셔리'라는 소비 트렌드에 많은 사람들이 관심을 가지고 있어요. 스몰럭셔리는 '작은 사치'라는 뜻으로, 특별한 경험이나 고급스러운 물건을 비교적 저렴한 가격에 즐기는 것을 말해요. 예를 들어, 고가의 명품자동차, 의류, 가방보다는 비교적 부담이 덜한 식료품, 화장품 같이 작은 제품으로 사치를 부리는 것을 말해요. 최근 유행이었던 10만원 이상의 망고빙수가 스몰럭셔리의 사례입니다. 고급스런 망고빙수를 통해 한정된 비용으로 작은 사치를 누릴 수 있다며 자신을 위한 소비로서 심리적 만족감을 얻기도 했어요. 이러한 스몰럭셔리는 MZ세대의 가치소비 트렌드와 함께 빠르게 퍼지고 있으며, 메이크업 제품, 향수, 패션아이템 등 여러 분야로 범위를 넓히고 있어요.

MZ세대들이 스몰럭셔리에 주목하는 이유는 먼저 일상에서 벗어나 특별한 경험을 선사하기 때문이에요. 친구들과 함께 고급스러운 망고빙수를 나누어 먹는 것은 단순히 간식 즐기기가 아니라, 소중한 추억을 만드는 시간이죠. 둘째, SNS에 게시할 수 있는 멋진 사진을 찍을 수 있다는 점도 큰 매력 중 하나예요. 예쁜 망고빙수 사진을 친구들에게 자랑하고 싶어지니까요.

이러한 스몰럭셔리는 앞으로 더욱 인기를 끌 것으로 예상돼요. 사람들이 일상에서 작은 행복을 찾고, 특별한 경험을 추구하는 경향이 계속될 것이기 때문이죠.

 꿀벌로 지식 모으기

소확행

한자 小(작을 소), 確(굳을 확), 幸(다행 행)을 조합한 단어로, 소소하지만 확실한 행복을 의미하는 용어다. 일본의 작가 무라카미 하루키의 수필집에 처음 등장하며 알려졌다. 최근 저성장·고실업 시대를 사는 세대가 추구하는 라이프스타일인 동시에, 여가 트렌드로 자리 잡으면서 여행상품의 수요 변화를 가져오기도 했다. 또 많은 기업들이 소확행 트렌드를 이용한 마케팅을 펼치면서, 한동안 많은 사람들의 입에 소확행이 오르내리기도 했다.

어휘 한 스푼

- 사치 : 필요 이상의 돈이나 물건을 쓰거나 분수에 지나친 생활을 함
- 고가 : 비싼 가격. 또는 값이 비싼 것
- 심리적 : 마음의 작용과 의식 상태에 관한 것
- 선사 : 존경, 친근, 애정의 뜻을 나타내기 위하여 남에게 선물을 줌

어휘를 꿀떡

단어와 한자 뜻, 단어의 뜻을 써보세요.

심리적	心	理	的	마음의 작용과 의식 상태에 관한 것
	마음 심	다스릴 리	과녁 적	

1 유의어
- 내적 : 정신이나 마음의 작용에 관한 것
- 심적 : 마음과 관련된 것

2 기사에서는 '심리적'이 어떻게 쓰여 있는지 '심리적'이 들어간 문장을 찾아 써보세요.

3 위 단어를 넣어 한 문장 만들기를 해보세요.

경제

기사 꿀단지 열기

기사 내용에 대한 O, X 퀴즈를 풀어보세요.

1 스몰럭셔리는 고가의 브랜드가 상점을 작게 여는 곳을 말한다.

2 최근 10만원 이상의 고가 망고빙수가 인기가 많았다.

3 스몰럭셔리는 가치소비를 하고 있는 MZ세대들에게 비난을 받았다.

3-2-1 꿀뜨개

기사 내용에 대해 더 생각해봐요.

1 기사에서 중요하다고 생각되는 단어 **3가지**를 써보세요.

2 기사 내용 중 새롭게 알았거나 중요하다고 생각되는 것 **2가지**를 써보세요.

3 기사 내용을 별점으로 나타내어 보고, 나의 소감도 **1문장**으로 써보세요.

월   일   요일

별점: ☆☆☆

소감:

별점기준
★★★ 추천해요.
★★☆ 재미있어요.
★☆☆ 읽어볼 만해요.
☆☆☆ 흥미가 없어요.

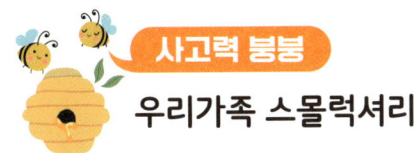

사고력 붕붕

우리가족 스몰럭셔리

가족들에게 기사에서 읽은 스몰럭셔리에 대해 설명한 후 가족들이 원하는 스몰럭셔리에는 어떤 것이 있는지 알아보세요. 또 스몰럭셔리로 얼마까지 소비할 수 있는지 조사해 보세요.

이 름	나와의 관계	소비하고 싶은 스몰럭셔리	예상 스몰럭셔리 가격

경제 47

∗ AI를 믿을 수 있을까?

∗ 퓨전한복, '전통문화 알려 vs 전통가치 훼손'

∗ "족보가 족발보쌈 세트?" 아이들의 문해력

∗ 늘어나는 노○○존, 서로 배려하고 이해해요

∗ 소셜미디어로부터 청소년을 지켜라

∗ 새로운 문화공간 팝업스토어

∗ 소싸움, '전통문화 vs 동물학대'

∗ 출산율이 낮아진 한국, 어떻게 해결할까?

∗ 항공사 컵라면 서비스 중단, 차별 아닌가요?

2장

사회

 기사 꿀단지

월   일   요일

AI를 믿을 수 있을까?

요즘 우리는 인공지능, 즉 AI에 대해 많이 듣고 있어요. AI는 컴퓨터가 사람처럼 생각하고 학습하는 기술인데, 이 기술이 우리 생활에 많은 도움을 주고 있답니다. 하지만 최근에 "과연 AI를 믿을 수 있을까?"라는 질문과 함께 개인정보에 대한 우려도 생기고 있어요.

AI는 많은 정보를 수집하고, 그 정보를 바탕으로 사람들에게 도움을 주는 프로그램이에요. 예를 들어 여러분이 유튜브에서 동영상을 볼 때, AI는 여러분이 좋아할 만한 영상을 추천해줘요. 이때 AI는 여러분이 이전에 본 동영상이나 검색한 내용을 기억하고 분석해서 추천하는 것이죠.

하지만 이러한 과정에서 AI가 개인정보를 수집하고 분석하는 데 사용되므로, 자칫 개인의 프라이버시가 침해될 위험이 있어요. 데이터가 유출되거나 해킹 사건이 발생할 경우, 개인정보가 악용될 수도 있답니다.

또한, AI 시스템은 학습하는 데이터에 따라 편향된 결정을 내릴 수 있어요. 예를 들어 특정 인종이나 성별을 차별하는 판단을 초래할 수 있고, 이는 사회적 불평등을 심화시킬 수 있답니다.

AI를 올바르게 사용하기 위해 유념해야 할 점들이 있어요. 첫째, AI가 학습하는 데이터가 정확하고 다양한지 확인해야 해요. 둘째, AI가 다양한 결정을 내리는 원리를 이해할 수 있어야 해요. 마지막으로, AI를 사용하는 사람들도 AI가 한계를 갖고 있다는 것을 이해해야 해요. AI는 아직 모든 것을 완벽하게 판단하고 결정할 수는 없기 때문에, 사용하는 사람의 판단과 역할이 중요하답니다.

 꿀벌로 지식 모으기

인공지능

흔히 영단어 'Artificial Intelligence'의 줄임말인 AI라고 부른다. 로봇이 아닌 사람의 지적 능력을 컴퓨터 프로그램으로 구현해놓은 것을 말한다. 인공지능은 다양한 데이터를 받아들여 학습하고, 이 데이터들의 패턴을 스스로 파악해 분류한다. 이러한 과정은 인공지능에게 '경험'으로 작용해 다양한 사건을 스스로 판단하고 적절하게 대응하는 능력의 기초가 된다. 인공지능은 대규모의 데이터를 처리하는 빅데이터 기술의 발전으로 빠르게 진화하고 있다.

어휘 한 스푼

- 프라이버시 : 개인의 사생활이나 집안의 사적인 일
- 악용 : 알맞지 않게 쓰거나 나쁜 일에 씀
- 편향 : 한쪽으로 치우침
- 초래 : 일의 결과로서 어떤 현상을 생겨나게 함

어휘를 꿀떡

단어와 한자 뜻, 단어의 뜻을 써보세요.

| 편 향 |  치우칠 편 |  향할 향 | 한쪽으로 치우침 |

1 유의어
- 편파 : 공정하지 못하고 어느 한쪽으로 치우쳐 있음
- 편중 : 중심이 한쪽으로 치우침

2 기사에서는 '편향'이 어떻게 쓰여 있는지 '편향'이 들어간 문장을 찾아 써보세요.

3 위 단어를 넣어 한 문장 만들기를 해보세요.

 **기사 꿀단지 열기**

기사 내용에 대한 O, X 퀴즈를 풀어보세요.

1 AI는 똑똑한 컴퓨터이므로 100% 믿을 수 있다.

2 AI는 나의 개인정보를 수집하여 유튜브에서 내가 좋아하는 영상을 추천해준다.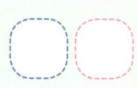

3 AI 시스템은 학습 데이터에 따라 편향된 결정을 내릴 수 있다.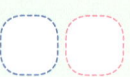

 **3-2-1 꿀뜨개**

기사 내용에 대해 더 생각해봐요.

1 기사에서 중요하다고 생각되는 단어 **3가지**를 써보세요.

2 기사 내용 중 새롭게 알았거나 중요하다고 생각되는 것 **2가지**를 써보세요.

3 기사 내용을 별점으로 나타내어 보고, 나의 소감도 **1문장**으로 써보세요.

월 일 요일	별점기준
별점 : ★★★	★★★ 추천해요.
	★★☆ 재미있어요.
소감 :	★☆☆ 읽어볼 만해요.
	☆☆☆ 흥미가 없어요.

PMO 쓰기

앞 기사를 읽고서 내가 생각하는 AI의 장점과 단점을 쓰고 "AI를 믿을 수 있을까?"에 대한 나의 의견을 써보세요.

좋은 점 (P, Plus)
AI의 장점

나쁜 점 (M, Minus)
AI의 단점

나의 의견 (O, Opinion)
"AI를 믿을 수 있을까"에 대한 나의 의견

 **기사 꿀단지**

월　　일　　요일

퓨전한복
'전통문화 알려 vs 전통가치 훼손'

서울 경복궁 주변에서는 한복을 입은 관광객들을 쉽게 찾아볼 수 있어요. 한복을 입으면 경복궁에 무료로 입장할 수 있어, 많은 외국인 관광객들이 근처 한복 대여점에서 옷을 빌려 입고 궁궐을 둘러보곤 합니다. 그러나 이러한 한복은 전통한복과는 사뭇 다른 '퓨전한복' 형태의 옷이 많은데요. 퓨전한복은 전통한복에 현대적인 디자인이나 색상을 더한 옷을 말해요.

최응천 국가유산청장은 최근 인터뷰에서 "외국인 관광객이 빌려 입는 한복들은 실제 한복구조와 맞지 않거나 '국적불명'인 경우가 많다"고 언급하며, 궁궐 일대의 한복 문화를 개선할 것이라고 강조했어요. 이러한 발언은 퓨전한복의 가치와 의미에 대한 논의가 활발히 이뤄지는 계기가 되었답니다.

퓨전한복을 지지하는 사람들은 현대적인 디자인이 전통의상을 더욱 매력적으로 만들어 더 많은 사람들이 한복을 즐길 수 있게 한다고 주장해요.

또 퓨전한복이 외국인 관광객들에게 인기를 끌어 한국의 전통문화를 알리는 데 기여하고 있다는 의견도 있어요.

반면 퓨전한복이 전통한복의 본질을 훼손하고, 가치를 저하시킨다고 우려하는 목소리도 있어요. 이들은 전통의상이 가진 역사적 의미와 아름다움을 지켜야 한다고 강조하죠. 또한, 퓨전한복이 전통한복과의 구분을 모호하게 만들어 전통의상에 대한 올바른 이해를 하지 못하게 한다는 우려도 제기합니다. 찬반 양측의 주장은 각각의 문화적 가치와 정체성을 반영하고 있어요. 앞으로의 논의가 어떻게 진행될지 주목할 필요가 있어요.

 **꿀벌로 지식 모으기**

국가유산청

국가유산청은 우리나라의 소중한 국가유산을 체계적으로 보존하고 관리하여 민족문화를 계승하고 국민의 문화적 향상을 목적으로 하는 국가기관이다. 문화유산을 조사·연구하고 국보나 보물 같은 국가지정유산을 지정하는 역할을 하고 있다. 1961년 문화재관리국으로 출발하여 1999년 문화재청으로 승격되어 이어져오다가, 2024년 5월에 국가유산청으로 이름을 바꿔 새롭게 출범했다.

어휘 한 스푼

- 훼손 : 체면이나 명예를 손상함
- 우려 : 근심하거나 걱정함
- 모호 : 말이나 태도가 흐리터분하여 분명하지 않음
- 정체성 : 어떤 존재가 본질적으로 가지고 있는 특성

어휘를 꿀떡

단어와 한자 뜻, 단어의 뜻을 써보세요.

| 우 려 | 憂 (근심 우) | 慮 (볼 견) | 근심하거나 걱정함 |

1 유의어

- 심려 : 마음속으로 걱정함
- 우수 : 근심과 걱정을 아울러 이르는 말

2 기사에서는 '우려'가 어떻게 쓰여 있는지 '우려'가 들어간 문장을 찾아 써보세요.

3 위 단어를 넣어 한 문장 만들기를 해보세요.

기사 꿀단지 열기

기사 내용에 대한 O, X 퀴즈를 풀어보세요.

1. 경복궁은 한복을 입어도 무료로 입장할 수 없다.
2. 퓨전한복은 전통한복에 현대적인 디자인이나 색상을 더한 옷을 말한다.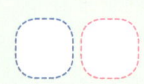
3. 국가유산청은 관광객들이 퓨전한복을 입는 것을 적극 지지한다.

3-2-1 꿀뜨개

기사 내용에 대해 더 생각해봐요.

1 기사에서 중요하다고 생각되는 단어 **3가지**를 써보세요.

2 기사 내용 중 새롭게 알았거나 중요하다고 생각되는 것 **2가지**를 써보세요.

3 기사 내용을 별점으로 나타내어 보고, 나의 소감도 **1문장**으로 써보세요.

월   일   요일

별점 : ☆ ☆ ☆
소감 :

별점기준
★★★ 추천해요.
★★☆ 재미있어요.
★☆☆ 읽어볼 만해요.
☆☆☆ 흥미가 없어요.

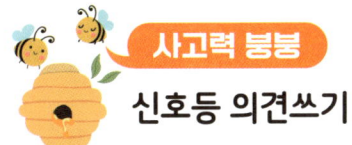

신호등 의견쓰기

국가유산청은 우리나라 전통한복과는 다른 퓨전한복을 개선하겠다고 발표했어요. 여러분은 경복궁에서 퓨전한복을 입는 것에 대해 어떻게 생각하시나요? 다음 신호등 중에서 반대, 중립, 찬성 중 하나를 선택하고, 그 이유를 적어보세요.

경복궁에서 퓨전한복을 입는 것에 대해 나의 의견은 (찬성/중립/반대)이다.

왜냐하면

사회 **57**

 기사 꿀단지

월   일   요일

"족보가 족발 보쌈 세트?" 아이들의 문해력

2024년 10월 9일, 제578돌 한글날을 맞아 한국교원단체총연합회가 5,848명의 선생님들을 대상으로 '학생 문해력 실태 인식조사'를 실시했어요. 조사 결과, 무려 91.8%의 선생님들이 학생들의 문해력이 저하되었다고 응답했습니다.

조사에서는 학생들의 낮은 문해력에 대한 여러 사례가 소개되었는데요. 예를 들어, 어떤 학생은 '금일(今日)'을 '금요일'로 잘못 알고 있었고, '두발자유화'의 '두발'을 '두 개의 발'로 이해했으며, '족보'를 '족발 보쌈세트'로 잘못 이해하기도 했어요. 이런 사례들은 학생들이 글과 단어의 의미를 제대로 파악하지 못하고 있음을 보여줍니다.

선생님들은 학생들의 문해력이 저하된 원인으로 스마트폰 같은 디지털기기의 과도한 사용을 가장 많이 지적했어요. 디지털기기를 많이 사용하다 보니 손으로 직접 글씨를 쓰는 시간이 줄어들어, 학생이 쓴 글씨를 읽기 어려운 경우도 많아졌다고 합니다. 실제로 선생님 중 94.3%가 학생들의 글씨를 알아보기 어렵다고 답했어요.

선생님들은 학생들의 문해력을 개선하기 위한 몇 가지 방법을 제안했어요. 첫째, 무엇보다 책을 많이 읽는 것이 큰 도움이 됩니다. 둘째, 새로운 단어를 배우고 그 의미를 이해하는 연습이 필요합니다. 셋째, 스마트폰 등 디지털기기 사용시간을 줄여야 합니다. 넷째, 스스로 생각을 정리하고 표현하는 연습을 해야 합니다. 선생님들은 학생들의 문해력 저하가 심각하다고 경고하며, 이를 해결하기 위한 교육방안이 필요하다고도 강조했어요.

심심한 사과

 꿀벌로 지식 모으기

한글날

한글날은 세종대왕이 오늘날의 한글인 훈민정음(訓民正音)을 창제해 세상에 펴낸 것을 기념하고, 우리 글자인 한글의 우수성을 기리기 위한 국경일이다. 1926년에 당시 민족주의 국어학자들의 단체였던 '조선어연구회'가 주도해 음력 9월 29일로 지정한 '가갸날'이 그 시초이다. 이후 1928년에 '한글날'로 개칭되었다. 광복 후 양력 10월 9일로 확정되었으며 2006년부터 국경일로 지정되었다.

어휘 한 스푼

- **문해력** : 글을 읽고 이해하는 능력
- **저하** : 정도, 수준, 능률 따위가 떨어져 낮아짐
- **과도** : 정도에 지나침
- **개선** : 잘못된 것이나 부족한 것, 나쁜 것 따위를 고쳐 더 좋게 만듦

어휘를 꿀떡

단어와 한자 뜻, 단어의 뜻을 써보세요.

| 개 선 | 改 (고칠 개) | 善 (착할 선) | 잘못된 것이나 부족한 것, 나쁜 것 따위를 고쳐 더 좋게 만듦 |

1 유의어
- **개량** : 나쁜 점을 보완하여 더 좋게 고침
- **보완** : 모자라거나 부족한 것을 보충하여 완전하게 함

2 기사에서는 '개선'이 어떻게 쓰여 있는지 '개선'이 들어간 문장을 찾아 써보세요.

3 위 단어를 넣어 한 문장 만들기를 해보세요.

사회 **59**

기사 꿀단지 열기

기사 내용에 대한 O, X 퀴즈를 풀어보세요.

1. 한글날을 맞아 학생을 대상으로 '학생 문해력 실태 인식조사'를 실시했다.
2. 학생 문해력 실태 인식조사에서 91%가 넘는 선생님들이 학생들의 문해력이 낮아졌다고 응답했다.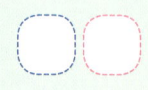
3. 문해력 저하의 가장 큰 원인으로 '과도한 만화책 읽기'가 지목됐다.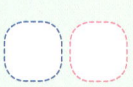

3-2-1 꿀뜨개

기사 내용에 대해 더 생각해봐요.

1. 기사에서 중요하다고 생각되는 단어 **3가지**를 써보세요.

2. 기사 내용 중 새롭게 알았거나 중요하다고 생각되는 것 **2가지**를 써보세요.

3. 기사 내용을 별점으로 나타내어 보고, 나의 소감도 **1문장**으로 써보세요.

월   일   요일

별점: ☆☆☆

소감:

별점기준
- ★★★ 추천해요.
- ★★☆ 재미있어요.
- ★☆☆ 읽어볼 만해요.
- ☆☆☆ 흥미가 없어요.

문해력 높이기

기사에서 문해력을 높이는 방법으로 '새로운 단어를 배우고 그 의미를 이해하는 연습이 필요하다'고 했어요. 기사에서 언급된 단어들로 그 의미를 이해하는 활동을 해보려고 합니다. 다음 단어들을 살펴보고 내가 생각한 뜻과 사전적 의미, 유의어 등을 찾고 예문도 만들어 보세요.

금 일
- 내가 생각한 뜻
- 사전적 의미
- 유의어
- 예문 만들기

두 발
- 내가 생각한 뜻
- 사전적 의미
- 유의어
- 예문 만들기

족 보
- 내가 생각한 뜻
- 사전적 의미
- 유의어
- 예문 만들기

 기사 꿀단지   월   일   요일

늘어나는 노○○존, 서로 배려하고 이해해요

최근 한 헬스장에서 '고령자들과 같은 공간에서 운동하는 것이 불편하다'는 민원이 접수되었어요. 그래서 헬스장 측은 고령자들을 대상으로 '젊은 분들에게 인사, 대화, 선물, 부탁, 칭찬 등을 하지 마세요'라는 공지문을 붙였답니다. 이렇게 고령층의 출입을 거부하는 '노실버존(No Silver Zone)'이 사회 곳곳에서 늘어나고 있어요.

과거 어린아이의 출입을 금지하는 '노키즈존(No Kids Zone)'이 생겨나 논란이 되었죠. 이곳은 어린이들이 소란을 피우거나 안전사고를 일으킬까 봐 출입을 제한하는 곳이에요. 아울러 대학생들이 카페에서 오랜 시간 공부해 회전율이 떨어지자, '노카공존'이나 '노20대존' 같은 공간도 생겼답니다. 심지어 일부 식당과 캠핑장에서는 '49세 이상 출입금지'나 '노아재존'이라는 표지판도 내걸었어요.

하지만 이런 '노○○존' 같은 출입금지 정책이 사회 안에서 혐오를 부추길 수 있다는 우려가 커지고 있어요. 특정집단을 배제하는 방식으로 작용할 수 있기 때문에, 사회적 통합을 저해한다는 비판을 받고 있답니다. 사람들이 특정 연령층에 대해 부정적인 편견을 가지게 될까 걱정되는 거죠. 노○○존의 발생에는 각각의 배경과 이유가 있지만, 결국에는 차별과 배제의 문제로 이어질 수 있어요. 사회는 이러한 문제를 해결하기 위해 서로를 이해하고 배려하는 방향으로 나아가야 할 것입니다.

 꿀벌로 지식 모으기

노키즈존

노키즈존은 2010년대 초부터 시작되었다. 2011년에 한 식당에서 10세 아이가 종업원과 충돌해 화상을 입은 사건이 벌어졌고, 법원은 식당주인에게 100% 과실을 인정하여 배상하라고 판결했다. 이 판결은 매장에서의 안전사고에 대한 책임이 업주에게 있음을 분명히 하여 노키즈존의 확산에 큰 영향을 미쳤고, 업주들은 법적책임을 회피하기 위해 노키즈존을 설정하게 되었다.

어휘 한 스푼

- **고령자** : 나이가 많은 사람
- **혐오** : 싫어하고 미워함
- **배제** : 받아들이지 아니하고 물리쳐 제외함
- **편견** : 공정하지 못하고 한쪽으로 치우친 생각

어휘를 꿀떡

단어와 한자 뜻, 단어의 뜻을 써보세요.

편 견	偏	見	공정하지 못하고 한쪽으로 치우친 생각
	치우칠 편	볼 견	

1 유의어

- **색안경** : 주관이나 선입견에 얽매여 좋지 아니하게 보는 태도를 비유적으로 이르는 말
- **일편지견(一偏之見)** : 공정하지 못하고 한쪽으로 치우친 생각

2 기사에서는 '편견'이 어떻게 쓰여 있는지 '편견'이 들어간 문장을 찾아 써보세요.

3 위 단어를 넣어 한 문장 만들기를 해보세요.

기사 꿀단지 열기

기사 내용에 대한 O, X 퀴즈를 풀어보세요.

1. 최근 헬스장에서 어린이들과 같은 공간에서 운동하는 것이 불편하다는 민원이 접수됐다.
2. 귀금속 장식품을 착용한 사람의 출입을 거부하는 '노실버존'이 늘어나고 있다.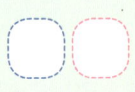
3. 노○○존은 사회 내의 차별과 배제의 문제로 이어질 수 있다.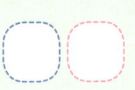

3-2-1 꿀뜨개

기사 내용에 대해 더 생각해봐요.

1. 기사에서 중요하다고 생각되는 단어 **3가지**를 써보세요.

2. 기사 내용 중 새롭게 알았거나 중요하다고 생각되는 것 **2가지**를 써보세요.

3. 기사 내용을 별점으로 나타내어 보고, 나의 소감도 **1문장**으로 써보세요.

월   일   요일

별점: ☆☆☆
소감:

별점기준
★★★ 추천해요.
★★☆ 재미있어요.
★☆☆ 읽어볼 만해요.
☆☆☆ 흥미가 없어요.

신호등 의견쓰기

요즘 안전문제나 고객불편 등으로 노OO존 같은 용어가 많이 생기고 있어요. 특정집단의 출입을 제한함으로써 발생하는 사회적 갈등을 반영하는 건데요. 노OO존에 대해 반대, 중립, 찬성 중 다음 신호등에 체크를 하고 그렇게 생각한 이유를 써보세요.

'노OO 존'에 대한 나의 의견은 (찬성/중립/반대)이다.

왜냐하면

사회

 기사 꿀단지

월　　일　　요일

소셜미디어로부터 청소년을 지켜라

최근 미국, 호주, 유럽에서 청소년의 소셜미디어(SNS) 사용을 제한하려는 움직임이 활발해지고 있어요. 호주의 총리는 16세 미만 청소년의 소셜미디어 이용을 금지하는 법안을 제정하겠다고 발표했답니다. 미국 플로리다주에서도 14세 미만 미성년자의 SNS 사용을 금지하는 법안을 제정했죠. 유럽에서도 SNS 플랫폼으로부터 청소년을 보호하기 위한 다양한 정책이 추진되고 있어요.

이러한 조치의 배경에는 청소년들이 SNS상에서 타인과 자신의 상황을 비교하며 박탈감을 겪고, 악성 메시지나 지나친 비난으로 괴롭힘과 혐오를 경험할 수 있기 때문이에요. 이로 인해 우울증과 불안 같은 심리적 스트레스를 겪을 수 있죠.

또한, 어린 나이에 지나치게 스마트폰에 노출되면 뇌가 강렬한 자극에만 반응하는 '팝콘브레인' 현상이 발생할 수 있어요. 팝콘브레인이란 뇌가 짧고 자극적인 콘텐츠에 익숙해진 상태를 의미하는데, 청소년들이 집중력을 잃게 하고, 깊이 있는

사고를 하기 어렵게 만든답니다. SNS상에서 빠르게 정보가 소비되고 더 강한 자극에 대한 요구가 지속되면서 이러한 현상은 심화되고 있어요. 때문에 각국에서는 청소년의 SNS 사용을 제한하는 법안을 만들고 있어요. 이러한 노력은 청소년들이 안전하고 행복한 환경에서 자랄 수 있도록 돕기 위한 중요한 조치로 여겨지고 있어요.

 꿀벌로 지식 모으기

팝콘브레인(Popcorn Brain)

최첨단 디지털기기의 강한 자극에 익숙해져, 단순한 일상에는 둔감해지거나 무감각해지는 현상을 말한다. 스마트기기의 폐해 중 하나라 할 수 있으며, 미국 워싱턴대학교 정보대학원 교수인 데이빗 레비가 만든 용어다. 일상의 잔잔하고 소소한 자극에는 흥미를 잃고, 강렬하게 터지는 팝콘처럼 스마트기기를 통한 강한 자극에만 몰두하거나 반응하는 것을 의미한다.

어휘 한 스푼

- **법안** : 법률의 바탕이 되는 사항을 조목별로 정리하여 국회에 제출하는 문서
- **제정** : 제도나 법률 따위를 만들어서 정함
- **정책** : 정치적 목적을 실현하기 위한 방책
- **사고** : 생각하고 궁리함

어휘를 꿀떡

단어와 한자 뜻, 단어의 뜻을 써보세요.

| 제 정 | 制 (지을 제) | 定 (정할 정) | 제도나 법률 따위를 만들어서 정함 |

1 유의어

- **입법** : 법률을 제정함
- **입안** : 법률이나 정책 등을 제정하기 위해 계획을 세우고 그 내용을 정리하는 과정

2 기사에서는 '제정'이 어떻게 쓰여 있는지 '제정'이 들어간 문장을 찾아 써보세요.

3 위 단어를 넣어 한 문장 만들기를 해보세요.

사회

기사 꿀단지 열기

기사 내용에 대한 O, X 퀴즈를 풀어보세요.

1. 미국, 일본, 유럽에서 청소년의 SNS 사용을 제한하려는 움직임이 활발해지고 있다.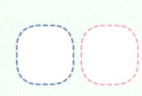
2. 미국 플로리다주에서는 4세 미만 미성년자의 SNS 사용을 금지하는 법안을 제정했다.
3. 팝콘브레인은 팝콘이 터지듯 상상력이 마구 떠오르는 것을 말한다.

3-2-1 꿀뜨개

기사 내용에 대해 더 생각해봐요.

1. 기사에서 중요하다고 생각되는 단어 **3가지**를 써보세요.

2. 기사 내용 중 새롭게 알았거나 중요하다고 생각되는 것 **2가지**를 써보세요.

3. 기사 내용을 별점으로 나타내어 보고, 나의 소감도 **1문장**으로 써보세요.

월   일   요일

별점 : ★★★
소감 :

별점기준
★★★ 추천해요.
★★☆ 재미있어요.
★☆☆ 읽어볼 만해요.
☆☆☆ 흥미가 없어요.

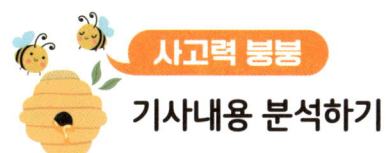

기사내용 분석하기

앞의 기사를 보고 다음 질문에 답을 써보세요.

| 팝콘 브레인 이란? | |

나라별 법안·정책 내용	호주	
	미국	
	유럽	

| 청소년 SNS 금지법을 제정하는 이유는? | |

 기사 꿀단지

월   일   요일

새로운 문화공간 팝업스토어

팝업스토어는 최근 몇 년 동안 많은 사람들의 관심을 받고 있는 새로운 형태의 상점이에요. 'Pop-up'과 'Store'를 합친 말로, 일시적으로 운영되는 상점을 뜻해요. 특정기간 동안만 열리며, 주로 한정된 제품이나 소비자에게 특별한 경험을 제공하는 데 집중하고 있어요.

팝업스토어는 소비자와의 소통을 강화하고 브랜드 인지도를 높이는 데 아주 효과적이에요. 만약 소비자가 특정 브랜드의 팝업스토어에서 즐거운 경험을 한다면, 브랜드에 대한 좋은 인식을 갖게 됩니다. 또한, 브랜드를 이용할 의향이 생겨 매출이 증가하는 결과로 이어질 수 있어요. 짧지만 강한 인상이 오래도록 기억에 남기 때문이에요.

아울러 팝업스토어가 열리는 지역의 다른 가게들도 방문객을 끌어들일 수 있어, 전체 상권이 활기를 띠게 된답니다.

하지만 팝업스토어는 짧은 기간 운영되기 때문에 금방 철거하게 되는데요. 팝업스토어의 인테리어는 해당 브랜드의 특성이나 콘셉트에 맞춰서 제작하기 때문에, 한 번 사용한 자재를 다른 팝업스토어에서 재활용하기 어려워요. 또한, 소비자를 끌어들이기 위해 배지, 펜, 가방, 스티커 등 다양한 기념품을 만들기 때문에 불필요한 쓰레기가 생길 수 있다는 지적도 있어요.

결국 팝업스토어는 소비자에게 특별한 경험을 제공하는 동시에, 환경문제에 대해서도 고민할 여지가 있어요. 지속가능한 운영방안을 찾는 것이 팝업스토어의 발전에 중요한 요소가 될 거예요.

▲ 자동차 레고 조립품이 전시된 레고코리아의 팝업스토어

 꿀벌로 지식 모으기

안테나숍

기업이 상품의 판매동향을 살펴보고 소비자의 선호도나 반응을 알아보기 위해 여는 전략적 형태의 점포를 말한다. 상품을 실제 판매하기에 앞서 상품의 수요와 소비자 반응, 광고효과를 측정하기 위해 운영한다. 파일럿숍(Pilot Shop)이라고도 부른다. 체인점을 운영하는 기업의 본사가 직접 매장을 열어 운영하는 점포가 안테나숍의 대표적 형태다. 시장의 선호도를 파악해 새로운 서비스나 상품을 기획하기도 한다.

어휘 한 스푼

- **인지도** : 어떤 사람이나 물건을 알아보는 정도
- **의향** : 마음이 향하는 바. 또는 무엇을 하려는 생각
- **매출** : 물건 따위를 내다 파는 일
- **상권** : 상업상의 세력이 미치는 범위

어휘를 꿀떡

단어와 한자 뜻, 단어의 뜻을 써보세요.

| 매 출 |  팔 매 |  날 출 | 물건 따위를 내다 파는 일 |

1 유의어
- **매각** : 물건을 팔아 버림
- **매도** : 값을 받고 물건의 소유권을 다른 사람에게 넘김

2 기사에서는 '매출'이 어떻게 쓰여 있는지 '매출'이 들어간 문장을 찾아 써보세요.

3 위 단어를 넣어 한 문장 만들기를 해보세요.

사회 **71**

기사 꿀단지 열기
기사 내용에 대한 O, X 퀴즈를 풀어보세요.

1. 팝업스토어는 일시적으로 운영되는 상점을 말한다. ⭕ ❌
2. 팝업스토어는 브랜드 인지도를 높이는 데 효과적이다. ⭕ ❌
3. 팝업스토어가 열리면 주변 상권이 어려움을 겪는다. ⭕ ❌

3-2-1 꿀뜨개
기사 내용에 대해 더 생각해봐요.

1 기사에서 중요하다고 생각되는 단어 **3가지**를 써보세요.

2 기사 내용 중 새롭게 알았거나 중요하다고 생각되는 것 **2가지**를 써보세요.

3 기사 내용을 별점으로 나타내어 보고, 나의 소감도 **1문장**으로 써보세요.

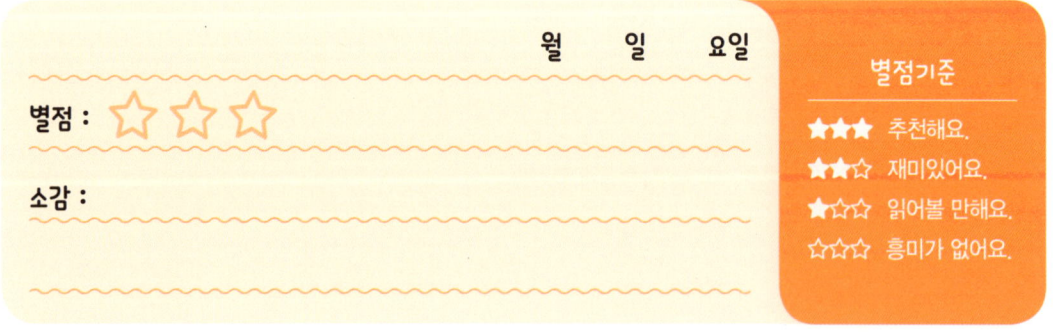

PMI 기법 쓰기

팝업스토어는 여러 가지 장점과 단점, 그리고 개선해야 할 것들이 있어요. 기사를 통해서 PMI 쓰기를 해보세요. PMI 기법은 좋은 점(P, plus), 나쁜 점(M, minus), 흥미로운 점(I, interesting)을 생각하여 아이디어를 내는 방식이에요. 여기에서는 흥미로운 점(I, interesting) 대신 개선할 점 (I, improvement)으로 써보세요.

 기사 꿀단지

월   일   요일

소싸움, '전통문화 vs 동물학대'

지난 2024년 1월 국가유산청이 '2024년도 국가무형유산 지정(인정) 조사계획'을 발표했어요. 이 계획에 따르면 2024년 8개의 종목에 대해 새로운 무형유산 지정을 위한 조사가 진행되는데, 그 중 소싸움도 포함되었다고 해요. 그래서 우리나라 전통 소싸움과 향후 전망에 대한 관심이 더욱 커졌습니다.

소싸움은 오랫동안 농촌에서 즐겨온 전통 경기예요. 농부들은 소들이 서로 힘을 겨루는 모습을 통해 소의 건강과 힘을 확인했답니다. 이 경기는 마을 사람들에게도 큰 즐거움을 주며, 지역사회가 하나로 뭉치는 데도 도움이 되었죠.

하지만 최근 소싸움에 대한 비판의 목소리도 커지고 있어요. '동물자유연대'라는 동물보호단체는 "소싸움은 동물학대"라고 주장하며, 국가유산청에 국가무형유산 지정을 중단하라고 요청했어요. 이들은 소싸움이 동물에게 고통을 준다는 의견에 많은 시민들이 동의하고 있다고도 전했습니다.

이처럼 소싸움은 전통문화를 지키는 중요한 행사로 여겨지지만, 동물복지에 대한 관심이 커진 현대에 이르러서는 동물의 권리와 복지를 고려해야 한다는 목소리도 나오고 있습니다. 전통과 현대의 가치가 충돌하는 이 문제가 앞으로 어떻게 해결될지 많은 사람들이 관심을 가져야 합니다. 여러분은 소싸움에 대해 어떻게 생각하나요?

 꿀벌로 지식 모으기

국가무형유산

연극·음악·무용·공예기술 등 형태가 없는 무형의 문화적 소산으로서 역사적·예술적 또는 학술적 가치가 큰 무형유산 가운데 그 중요성을 인정하여 국가유산청이 지정하는 국가유산이다. 판소리, 탈춤, 농악, 아리랑, 종묘제례악, 한지 등이 국가무형유산에 해당한다. 과거에는 예술이나 기술 등 기예능이 주로 지정되었으나, 근래에는 김치 담그기, 온돌 문화 등 전통 생활관습·지식에도 지정되는 추세다.

어휘 한 스푼

- 전망 : 앞날을 헤아려 내다봄. 또는 내다보이는 장래의 상황
- 전통 : 오랫동안 사람들 사이에서 지켜져 온 특별한 방식이나 습관
- 권리 : 어떤 일을 행하거나 다른 사람에 대하여 당연히 요구할 수 있는 힘
- 충돌 : 서로 맞부딪치거나 맞섬

어휘를 꿀떡

단어와 한자 뜻, 단어의 뜻을 써보세요.

| 충 돌 | 衝 (찌를 충) | 突 (갑자기 돌) | 서로 맞부딪치거나 맞섬 |

1 유의어

- 대립 : 의견이나 처지, 속성 따위가 서로 반대되거나 모순됨. 또는 그런 관계
- 갈등 : 칡과 등나무가 서로 얽히는 것과 같이, 개인이나 집단 사이에 목표나 이해관계가 달라 서로 적대시하거나 충돌함

2 기사에서는 '충돌'이 어떻게 쓰여 있는지 '충돌'이 들어간 문장을 찾아 써보세요.

3 위 단어를 넣어 한 문장 만들기를 해보세요.

기사 꿀단지 열기
기사 내용에 대한 O, X 퀴즈를 풀어보세요.

1 소싸움은 오랫동안 농촌에서 즐겨온 전통경기이다.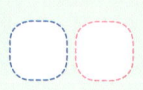

2 소싸움은 2024년 국가무형유산 지정대상이 아니다.

3 동물자유연대는 소싸움을 국가무형유산으로 지정하는 것에 찬성한다.

3-2-1 꿀뜨개
기사 내용에 대해 더 생각해봐요.

1 기사에서 중요하다고 생각되는 단어 **3가지**를 써보세요.

2 기사 내용 중 새롭게 알았거나 중요하다고 생각되는 것 **2가지**를 써보세요.

3 기사 내용을 별점으로 나타내어 보고, 나의 소감도 **1문장**으로 써보세요.

월   일   요일

별점 : ☆☆☆

소감 :

별점기준
★★★ 추천해요.
★★☆ 재미있어요.
★☆☆ 읽어볼 만해요.
☆☆☆ 흥미가 없어요.

사고력 붕붕
오레오 쓰기

소싸움에 대한 여러분의 의견을 적어보세요. 소싸움이 전통문화로서 중요하다고 생각하나요, 아니면 동물에게 고통을 주는 학대라고 생각하나요? 아래 오레오 쓰기의 예시를 보고 소싸움에 대한 여러분의 의견을 써보세요.

오레오 쓰기

O (Opinion – 의견) : 주제에 대한 자신의 의견을 명확하게 표현합니다.
  예 "나는 독서가 중요하다고 생각합니다."
R (Reason – 이유) : 자신의 의견을 뒷받침하는 이유를 제시합니다.
  예 "독서는 상상력을 키워주고, 새로운 지식을 얻을 수 있게 해줍니다."
E (Example – 예시) : 의견과 이유를 뒷받침하는 구체적인 예시를 제공합니다.
  예 "예를 들어, 모험 이야기는 다양한 문화에 대해 알게 해줍니다."
O (Opinion – 재확인) : 처음에 제시한 의견을 다시 한 번 정리하고 강조합니다.
  예 "그래서 저는 독서가 정말 중요하다고 생각합니다."

오레오 쓰기 자기가 생각한 대로 자유롭게 써보세요.

Opinion

Reason

Example

Opinion

 기사 꿀단지 　　　　　　　　　　　　　　　　　　　월　　　일　　　요일

출산율이 낮아진 한국, 어떻게 해결할까?

현재 우리나라의 출산율은 매우 낮은 상황이에요. 2023년에 기록한 출산율이 0.72명으로, 세계에서 가장 낮은 수치였답니다. 출산율이 낮아지면 인구가 줄어들고, 나이가 많은 어르신들의 비율이 늘어나서 사회와 경제에 큰 영향을 미칠 수 있어요.

과거 1970년대 우리나라의 출산율은 4.53명이었어요. 그러나 2000년대 초반 1.48명을 기록한 이후 점점 더 빠르게 줄어들기 시작했죠. 이렇게 출산율이 낮아지자 앞으로 우리나라의 미래가 어떻게 될지 걱정이 커졌습니다.

그렇다면 다른 나라들은 저출산 문제를 어떻게 해결하고 있을까요? 프랑스는 가족을 지원하는 정책을 강화해서 출산율을 높이고 있어요. 부모님이 아이와 더 많은 시간을 보낼 수 있게 하고, 부모님이 일하면서도 아이를 안전하게 맡길 수 있는 곳을 제공해서 아이를 키우는 부담을 덜어주고 있답니다. 최근 프랑스의 출산율은 약 1.64명으로 유럽 안에서도 비교적 높은 편이에요. 스웨덴이나 독일도 양육 지원에 많은 예산을 투자하고 있어요. 부모님이 일과 양육을 병행할 수 있도록 돕는 정책을 시행하고 있는데요. 우리와 가까운 일본도 일하는 부모님을 위해 근무시간을 유연하게 조정할 수 있게 하고 육아휴직도 제공하고 있어요.

우리나라도 저출산을 해결하기 위한 다양한 정책이 필요하답니다. 다른 나라들은 돌봄지원, 육아휴직, 금전적 지원 등 여러 방법으로 출산율을 높이기 위해 노력하고 있어요. 이러한 좋은 사례를 참고해서 효과적인 정책을 마련해야 합니다. 저출산은 우리의 미래가 달린 중요한 문제입니다.

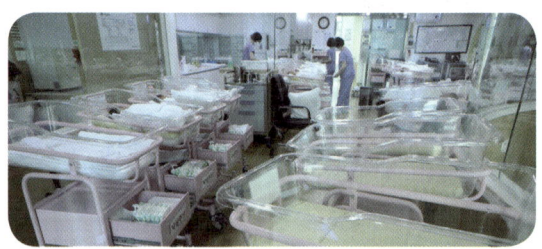
▲ 비어있는 병원 신생아실의 요람

 꿀벌로 지식 모으기

합계출산율

인구동향조사에서 임신을 할 수 있는 15~49세 가임기 여성 1명이 평생 동안 낳을 것으로 추정되는 아이의 명수를 통계로 만든 것이다. 한 나라의 인구가 얼마나 늘어나고 감소하는지 알아보고, 다른 나라와의 출산수준을 비교하기 위해 대표적으로 활용되는 지표로서 일반적으로 연령별 출산율의 합으로 계산한다. 우리나라의 2024년 합계출산율은 0.75명으로 9년 만에 증가될 것으로 예상됐으나, 여전히 매우 낮은 수치를 보였다.

어휘 한 스푼

- **출산율** : 아기를 낳는 비율
- **저출산** : 아이를 적게 낳음
- **병행** : 둘 이상의 일을 한꺼번에 행함
- **유연하다** : 한쪽으로 치우치지 않고 융통성이 있다.

어휘를 꿀떡

단어와 한자 뜻, 단어의 뜻을 써보세요.

| 병행 | 竝 (나란히 병) | 行 (다닐 행) | 둘 이상의 일을 한꺼번에 행함 |

1 유의어
- **겸행** : 여러 가지 일을 겸하여 함
- **섭행** : 다른 일도 겸하여 행함

2 기사에서는 '병행'이 어떻게 쓰여 있는지 '병행'이 들어간 문장을 찾아 써보세요.

3 위 단어를 넣어 한 문장 만들기를 해보세요.

 **기사 꿀단지 열기**

기사 내용에 대한 O, X 퀴즈를 풀어보세요.

1. 2023년 한국의 출산율은 약 0.72명이다.
2. 2000년 초반부터 2023년까지 한국의 출산율은 같은 수치를 유지하고 있다.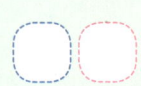
3. 일본은 일하는 부모님을 위해 유연한 근무환경과 육아휴직을 제공하고 있다.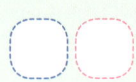

 **3-2-1 꿀뜨개**

기사 내용에 대해 더 생각해봐요.

1. 기사에서 중요하다고 생각되는 단어 **3가지**를 써보세요.

2. 기사 내용 중 새롭게 알았거나 중요하다고 생각되는 것 **2가지**를 써보세요.

3. 기사 내용을 별점으로 나타내어 보고, 나의 소감도 **1문장**으로 써보세요.

월   일   요일

별점 : ☆☆☆

소감 :

별점기준
★★★ 추천해요.
★★☆ 재미있어요.
★☆☆ 읽어볼 만해요.
☆☆☆ 흥미가 없어요.

사고력 붕붕

그래프 읽기

그래프는 많은 양의 정보를 간결하게 요약할 수 있어요. 그래프는 정보를 시각적으로 표현하므로, 복잡한 데이터나 개념을 쉽게 이해할 수 있게 한답니다. 〈보기〉의 글과 그래프를 비교하여 (1)~(5)의 나라를 찾아 써보고 질문에 대답해 보세요.

〈 보 기 〉

2023년 한국의 출산율은 약 0.72명이에요. 한편, 프랑스의 출산율은 부모님에게 육아휴직과 보육지원을 제공해서 약 1.64명을 기록했어요. 스웨덴은 부모님이 일과 가정을 잘 병행할 수 있도록 도와주는 정책을 시행하고 있으며, 출산율은 약 1.45명이에요. 독일은 약 1.35명으로, 저출산 문제를 해결하기 위해 여성이 일과 가정 두 가지를 잘 유지할 수 있도록 지원하고 있어요. 일본은 일하는 부모님을 위해 유연한 근무시간 제도와 육아휴직을 제공하고 있으며 출산율은 약 1.20명을 기록했어요.

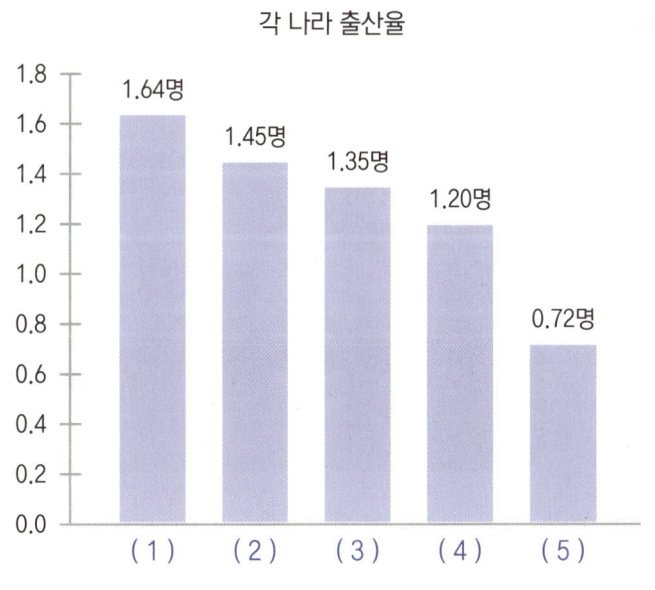

옆 그래프의 출산율 수치를 보고 그래프 아래 (1)~(5)에 해당하는 나라를 맞게 써보세요.

(1) :

(2) :

(3) :

(4) :

(5) :

1 출산율이 가장 높은 나라는 어디인가요?

2 출산율이 가장 낮은 나라는 어디인가요?

 **기사 꿀단지**

월　　일　　요일

항공사 컵라면 서비스 중단, 차별 아닌가요?

최근 몇 년 동안 비행하던 항공기에서 난기류로 인한 사고가 잇따르면서, 우리나라 국토교통부가 항공사에 컵라면과 같은 기내식의 서비스 중단을 권고했어요. 이는 비행 중 기체가 심하게 흔들릴 경우 뜨거운 국물이 쏟아져 승객이 화상을 입을 위험이 있기 때문이에요.

이와 관련해 한 항공사에서는 컵라면 제공에 대한 논란이 일었어요. 여객기 안에서 일반석과 비즈니스석 간의 서비스 차별로 인해 발생한 논란인데요. 항공사는 비행 중 안전을 이유로 일반석에서는 컵라면을 제공하지 않기로 결정했지만, 비즈니스석과 일등석에서는 계속해서 컵라면을 제공하기로 했어요.

항공사 측은 비즈니스석과 일등석의 경우 좌석이 넓고 테이블이 커서 컵라면을 서비스해도 안전하다고 설명하고 있어요. 반면 일반석에서는 승무원이 뜨거운 물을 담은 컵라면을 한 번에 여러 개를 옮겨야 해, 훨씬 더 위험하다는 입장을 내놓았습니다.

그러나 많은 승객들은 "일반석에서만 컵라면 서비스를 중단하는 것은 이해할 수 없다"며 불만을 제기하고 있어요. 일반석 승객들은 난기류가 일반석에만 발생하는 것이냐고 반문하며 형평성 문제를 지적하고 있죠.

항공사의 이 같은 결정은 승객들 사이에서 논란을 일으키고 있으며, 앞으로 이 문제가 어떻게 해결될지 많은 사람들이 주목하고 있습니다. 여러분은 이 문제에 대해 어떻게 생각하시나요?

▲ 여객기의 일반석(이코노미석)

 **꿀벌로 지식 모으기**

난기류(Turbulent Air)

공기의 흐름이 불규칙한 현상을 뜻한다. 방향과 속도가 불규칙하게 바뀌면서 비행하는 비행기에 충격을 줄 수 있다. 고도나 계절에 상관없이 발생하며 예측이 사실상 불가능하다. 난기류의 대표적인 원인은 상승기류이다. 지표면이 태양빛을 쐬면서 반사하는 복사열로 인해 공기가 데워지며 솟구치는 기류가 발생해 돌풍을 일으킨다. 최근 전문가들 사이에선 지구의 온도를 올리는 기후변화가 난기류를 더 잦고 강하게 만든다는 의견이 나오기도 했다.

어휘 한 스푼

- 권고 : 어떤 일을 하도록 권함
- 제기 : 의견이나 문제를 내어놓음
- 형평성 : 형평은 균형이 맞음. 또는 그런 상태를 뜻하는 말로, 형평성이란 형평을 이루는 성질을 말함

어휘를 꿀떡

단어와 한자 뜻, 단어의 뜻을 써보세요.

제 기	提	起	의견이나 문제를 내어놓음
	끌 제	일어날 기	

1 유의어
- 제의 : 의견이나 의논, 의안을 내놓음
- 제언 : 의견이나 생각을 내놓음

2 기사에서는 '제기'가 어떻게 쓰여 있는지 '제기'가 들어간 문장을 찾아 써보세요.

3 위 단어를 넣어 한 문장 만들기를 해보세요.

기사 꿀단지 열기

기사 내용에 대한 O, X 퀴즈를 풀어보세요.

1. 최근 항공기에서 난기류로 인한 사고가 잇따르고 있다.
2. 국토교통부가 항공사의 컵라면 서비스 중단을 법으로 의무화했다.
3. 기사의 항공사는 비행기 전 좌석 모두에 컵라면 서비스를 중단했다.

3-2-1 꿀뜨개

기사 내용에 대해 더 생각해봐요.

1. 기사에서 중요하다고 생각되는 단어 **3가지**를 써보세요.

2. 기사 내용 중 새롭게 알았거나 중요하다고 생각되는 것 **2가지**를 써보세요.

3. 기사 내용을 별점으로 나타내어 보고, 나의 소감도 **1문장**으로 써보세요.

월 일 요일

별점 : ☆☆☆

소감 :

별점기준
★★★ 추천해요.
★★☆ 재미있어요.
★☆☆ 읽어볼 만해요.
☆☆☆ 흥미가 없어요.

오레오쓰기

항공사의 컵라면 제공에 대한 여러분의 생각을 적어보세요. 항공사가 일반석에만 컵라면 제공을 중단하는 것이 적절하다고 생각하나요? 아니면 공정하지 않다고 생각하나요? 오레오 쓰기의 예시를 참고하여 이에 대한 여러분의 의견을 표현해보세요.

오레오쓰기

O (Opinion – 의견) : 주제에 대한 자신의 의견을 명확하게 표현합니다.
　　예 "나는 독서가 중요하다고 생각합니다."
R (Reason – 이유) : 자신의 의견을 뒷받침하는 이유를 제시합니다.
　　예 "독서는 상상력을 키워주고, 새로운 지식을 얻을 수 있게 해줍니다."
E (Example – 예시) : 의견과 이유를 뒷받침하는 구체적인 예시를 제공합니다.
　　예 "예를 들어, 모험 이야기는 다양한 문화에 대해 알게 해줍니다."
O (Opinion – 재확인) : 처음에 제시한 의견을 다시 한 번 정리하고 강조합니다.
　　예 "그래서 저는 독서가 정말 중요하다고 생각합니다."

🍪 오레오 쓰기　자기가 생각한 대로 자유롭게 써보세요.

Opinion

Reason

Example

Opinion

사회　**85**

＊ 원숭이 대탈출! 주민들은 불안해요

＊ 노트르담 대성당, 다시 열리다

＊ 논란 속의 우크라이나 전쟁 관광

＊ 아름다운 바르셀로나, 관광객이 너무 많아요!

＊ 에베레스트에 등반할 때는 배변봉투 지참!

＊ 이집트 피라미드 건설의 비밀

＊ 인도네시아에서 개발한 '물고기 우유'

＊ 콜로세움, 테마파크로 변신? 검투사 체험 논란

＊ 파나마 운하, 기후변화의 도전에 직면하다

3장

국제

 기사 꿀단지

　　　　　　　　　　　　　　　　　　　　　　월　　　일　　요일

원숭이 대탈출! 주민들은 불안해요

2024년 11월 16일, 태국의 롭부리시에서 약 200마리의 원숭이가 동물보호소에서 탈출해 큰 소동을 일으켰어요. 이 원숭이들은 민가와 경찰서에 침입해 주민들과 경찰을 놀라게 했답니다. 이렇게 많은 원숭이가 한꺼번에 탈출한 것은 처음 있는 일이라 사람들은 정말 깜짝 놀랐어요.

원숭이들은 원래 개체수를 줄이기 위해 보호소에 수용되었지만, 시간이 지나며 우리가 낡고 허술해지면서 틈새를 만들어 탈출하게 되었어요. 탈출한 원숭이들은 멀리 가지 않고 근처에서 먹이와 물을 찾은 것으로 알려졌어요.

본래 롭부리시는 원숭이 수천 마리와 사람들이 함께 사는 '원숭이 도시'로 유명해요. 하지만 코로나19로 인해 관광객이 줄어들면서 원숭이들이 얻는 음식도 많이 줄어들었답니다. 예전에는 관광객들이 원숭이들에게 음식을 주곤 했지만, 팬데믹으로 관광객 자체가 감소하자 원숭이들이 굶주리게 되었어요. 먹이가 부족해지면서 원숭이들 간의 경쟁도 치열해지고, 이로 인해 서로 싸우는 일도 많아졌답니다.

주민들은 폭력적으로 변한 원숭이들의 습격으로 큰 불안감을 느끼고 있어요. 그래서 이러한 사건이 다시 일어나지 않도록 대책을 마련해 달라고 요구하고 있답니다. 현지 경찰은 원숭이들을 포획할 전담 진압팀까지 꾸렸다고 하는데요. 원숭이와 인간이 함께 안전하게 살아갈 수 있는 방법을 찾아야 할 때입니다.

▲ 태국 롭부리시에서 열린 원숭이 축제

 꿀벌로 지식 모으기

태국 롭부리시

태국의 중부에 위치한 롭부리시는 고대부터 중요한 도시로 알려져 있다. 이 도시는 시내 한가운데에 사는 수백 마리의 '게잡이 원숭이'로 유명하며, 특히 크메르 사원인 '쁘랑 쌈 욧'과 크메르 사당인 '싸른 프라 깐' 주변에 많은 원숭이들이 살고 있다. 주민들과 관광객들은 원숭이에게 먹이를 주는데, 특히 11월 축제기간에 원숭이들은 풍족한 먹이를 얻는다. 이 원숭이들은 사람을 두려워하지 않기 때문에, 눈에 보이는 것은 닥치는 대로 훔쳐가기도 한다.

어휘 한 스푼

- **소동** : 사람들이 놀라거나 흥분하여 시끄럽게 법석거리고 떠들어 대는 일
- **민가** : 일반 백성들이 사는 집
- **개체** : 하나의 독립된 생물체
- **습격** : 갑자기 상대편을 덮쳐 침

어휘를 꿀떡

단어와 한자 뜻, 단어의 뜻을 써보세요.

| 소 동 | 騷 (떠들 소) | 動 (움직일 동) | 사람들이 놀라거나 흥분하여 시끄럽게 법석거리고 떠들어 대는 일 |

1 유의어
- **소란** : 시끄럽고 어수선함
- **야단법석** : 많은 사람이 모여들어 떠들썩하고 부산스럽게 굶

2 기사에서는 '소동'이 어떻게 쓰여 있는지 '소동'이 들어간 문장을 찾아 써보세요.

3 위 단어를 넣어 한 문장 만들기를 해보세요.

 **기사 꿀단지 열기**

기사 내용에 대한 O, X 퀴즈를 풀어보세요.

1 태국 롭부리시는 '원숭이 도시'로 유명한 곳이다.

2 롭부리시의 원숭이들이 보호소에서 탈출했다.

3 원숭이들은 먹이가 부족해지면서 서로 싸우고 주민들에게도 피해를 주고 있다.

 **3-2-1 꿀뜨개**

기사 내용에 대해 더 생각해봐요.

1 기사에서 중요하다고 생각되는 단어 **3가지**를 써보세요.

2 기사 내용 중 새롭게 알았거나 중요하다고 생각되는 것 **2가지**를 써보세요.

3 기사 내용을 별점으로 나타내어 보고, 나의 소감도 **1문장**으로 써보세요.

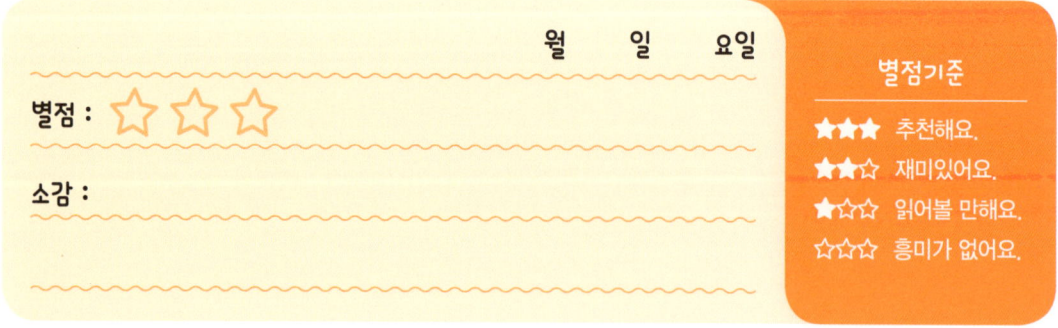

신문일기 쓰기

앞의 기사를 토대로 신문일기를 써보세요. 신문일기를 쓰면 다양한 주제의 기사를 읽음으로써 사회적 이슈에 대한 이해가 깊어져요. 또 신문기사를 읽고 자신의 생각을 정리하는 과정에서 비판적 사고 능력이 높아질 수 있답니다. 다음 신문일기 쓰는 방법을 참고하여 이번 기사의 신문일기를 써보세요.

< 신문일기 쓰기 방법 >

❶ 일기 주제에 맞도록 제목을 정하고 날짜와 날씨를 쓴다(제목은 일기를 쓴 후 나중에 써도 괜찮다).
❷ 읽은 기사의 주요 내용을 간단히 요약한다.
❸ 기사 내용에 관련된 경험이 있다면 경험담을 쓴다.
❹ 기사를 읽고 난 후 자신의 감정이나 생각을 쓴다.

월   일   요일   날씨:

제목:

 기사 꿀단지

월　　　일　　　요일

노트르담 대성당, 다시 열리다

프랑스의 유네스코 세계문화유산인 파리 노트르담 대성당은 1163년에 첫 공사를 시작했어요. 이 성당은 프랑스의 상징적인 건물 중 하나로, 매년 수많은 사람들이 방문한답니다. 하지만 2019년 4월 15일 큰 화재가 발생했어요. 이 화재로 인해 96m 높이의 첨탑이 무너지고, 아름다운 목조 지붕이 대부분 타버렸답니다. 이 사건은 전 세계 사람들에게 큰 충격을 주었어요.

이후 노트르담 대성당은 5년 8개월 동안 복원 작업을 진행했어요. 그리고 드디어, 대성당은 2024년 12월 7일에 재개관을 기념하는 행사를 진행했어요. 이날 기념식에는 프랑스 대통령을 비롯한 종교계 인사들, 화재 당시 진화에 나선 소방관, 성당 복원 작업자, 그리고 세계 각국의 내빈 등 약 1,500명이 참석했어요.

복원된 대성당의 아름다움은 다시 빛을 발하고 있어요. 이제 더 많은 사람들이 이곳을 방문하여 그 아름다움을 감상할 수 있게 될 거예요. 대성당은 일반 신도의 미사 때 많은 방문객이 올 것을 감안하여 2024년 12월 8일부터 14일까지는 오후 10시까지 성당을 개방하기로 결정했어요. 방문 이틀 전부터는 온라인 사전예약도 할 수 있게 했죠. 단체 관람객은 2025년 2월부터 입장이 허용돼요. 한때 입장료를 받자는 논의가 있었지만, 파리 교구는 무료로 입장할 수 있도록 하기로 결정했어요. 다시 성당의 아름다움을 누구나 부담 없이 느낄 수 있게 되었죠. 앞으로도 많은 사람들이 이곳을 방문하여 그 특별함을 느끼길 바랍니다.

▲ 재개관한 노트르담 대성당

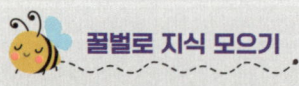 꿀벌로 지식 모으기

유네스코와 세계유산

유엔교육과학문화기구, 즉 유네스코(UNESCO)는 세계 문화유산을 선정하고 보존하는 국제기구로, 많은 중세 건축물을 다루며, 전 세계의 교육, 과학, 문화 보급과 교류를 위해 설립된 국제연합(UN)의 전문 기구다. 세계유산은 유네스코가 지정하는 것으로 미래 세대에 전달할 만하고 인류 보편적 가치가 있는 탁월한 자연이나 문화를 보존하기 위해 지정되는 유산이다.

어휘 한 스푼

- 첨탑 : 뾰족한 탑
- 목조 : 건물의 주요 뼈대를 나무로 짜 맞추는 구조
- 복원 : 원래대로 회복함
- 재개관 : 닫았던 도서관이나 영화관 따위를 다시 엶

어휘를 꿀떡

단어와 한자 뜻, 단어의 뜻을 써보세요.

| 복 원 | 復 회복할 복 | 元 으뜸 원 | 원래대로 회복함 |

1 유의어

- 복구 : 손실 이전의 상태로 회복함
- 재건 : 허물어진 건물이나 조직 따위를 다시 일으켜 세움

2 기사에서는 '복원'이 어떻게 쓰여 있는지 '복원'이 들어간 문장을 찾아 써보세요.

3 위 단어를 넣어 한 문장 만들기를 해보세요.

기사 꿀단지 열기

기사 내용에 대한 O, X 퀴즈를 풀어보세요.

1. 프랑스 파리 노트르담 대성당은 세계문화유산이다.
2. 노트르담 대성당은 화재사건 이후 8개월 동안 복원작업을 거쳐 2024년 12월 7일 재개관을 했다.
3. 화재사건을 겪은 노트르담 대성당은 재개관 이후 입장료를 내야 성당 안으로 들어갈 수 있다.

3-2-1 꿀뜨개

기사 내용에 대해 더 생각해봐요.

1. 기사에서 중요하다고 생각되는 단어 **3가지**를 써보세요.

2. 기사 내용 중 새롭게 알았거나 중요하다고 생각되는 것 **2가지**를 써보세요.

3. 기사 내용을 별점으로 나타내어 보고, 나의 소감도 **1문장**으로 써보세요.

월   일   요일

별점 : ☆☆☆

소감 :

별점기준
★★★ 추천해요.
★★☆ 재미있어요.
★☆☆ 읽어볼 만해요.
☆☆☆ 흥미가 없어요.

포스터 만들기

5년 8개월간의 복원을 끝마치고 드디어 노트르담 대성당이 재개관을 했어요. 노트르담 대성당이 열리는 것을 포스터로 만들어 봐요. 포스터에는 제목, 주요 이미지, 재개관 정보(재개관 날짜, 개방기간), 입장정보 등이 들어가야 해요.

 기사 꿀단지

월   일   요일

논란 속의 우크라이나 전쟁 관광

최근 몇 년 동안 우크라이나에서 전쟁 관광인 다크투어리즘 관광이 주목을 받고 있어요. 이 관광은 전쟁의 역사적 맥락을 이해하고 전쟁의 참상과 그로 인한 피해를 직접 체험하며 전쟁이 낳은 고통을 되새기는 데 중점을 두고 있어요.

우크라이나에서 키이우, 이르핀, 하르키우 등 전쟁으로 피해를 본 지역이 주요 관광지로 부각되고 있어요. 이곳에서 전쟁의 참상을 직접 체험할 수 있는 투어가 진행됩니다.

관광상품으로는 '워 투어(WAR TOURS)'와 같이 관광업체를 통하여 전쟁현장을 둘러보는 투어 상품이 제공되고 있어요. 가격은 약 150~250유로(한화 약 22~37만 원)로 다양해요. 위험을 감수하고 전선에 가까운 지역으로 갈수록 가격이 상승하여 약 480만 원까지 판매가 되고 있어요.

2023년 우크라이나를 방문한 외국인은 약 400만 명으로, 이는 전쟁 초기보다 두 배나 더 증가한 수치랍니다. 대부분의 방문객은 사업을 목적으로 방문하지만, 관광객도 적지 않은 것으로 추정되고 있어요.

우크라이나 당국은 전쟁 관광이 역사적 교훈을 널리 알리기 위한 방안이 될 수 있고, 우크라이나 지원을 위한 국제사회의 관심을 끌 수도 있어 긍정적으로 보고 있어요. 그러나 많은 주민들은 이를 '피 묻은 돈'으로 간주해요. "왜 우리의 고통과 슬픔을 보러 오느냐"고 반발한다고 하는데요. 고통 받는 자국민의 슬픔을 상품화하는 것은 비윤리적이라고 비판하고 있죠.

▲ 전쟁으로 폐허가 된 우크라이나 키이우 시내

 꿀벌로 지식 모으기

러시아-우크라이나 전쟁

2022년 러시아의 침공으로 시작된 러시아-우크라이나 전쟁에서 우크라이나의 목표는 러시아에 점령된 자국영토를 완전히 되찾고, 북대서양조약기구(NATO)에 가입해 미국과 서방국가의 진영으로 들어가는 것이다. NATO는 1949년 북대서양 조약에 의해 탄생한 북미와 유럽 등 서방국가들의 군사동맹기구이다. 반면 러시아의 목표는 우크라이나를 자신들의 영향력 안에 완전히 집어넣고 우크라이나의 NATO 가입을 막는 것이다.

어휘 한 스푼

- **다크투어리즘** : 재난 지역이나 비극적 사건이 일어난 곳을 돌며 교훈을 얻는 여행
- **부각** : 어떤 사물을 특징지어 두드러지게 함
- **전선** : 전쟁에서 직접 전투가 벌어지는 지역
- **간주** : 상태, 모양, 성질 따위가 그와 같다고 봄

어휘를 꿀떡

단어와 한자 뜻, 단어의 뜻을 써보세요.

| 간 주 | 看 (볼 간) | 做 (지을 주) | 상태, 모양, 성질 따위가 그와 같다고 봄 |

1 유의어
- **취급** : 사람이나 사건을 어떤 태도로 대하거나 처리함
- **해석** : 사물이나 행위 따위의 내용을 판단하고 이해하는 일

2 기사에서는 '간주'가 어떻게 쓰여 있는지 '간주'가 들어간 문장을 찾아 써보세요.

3 위 단어를 넣어 한 문장 만들기를 해보세요.

기사 꿀단지 열기

기사 내용에 대한 O, X 퀴즈를 풀어보세요.

1. 우크라이나에는 전쟁 관광이 있다.
2. 다크투어리즘은 어두운 밤에 관광하는 것을 말한다.
3. 전선에 가까운 지역일수록 관광상품 가격이 상승한다.

3-2-1 꿀뜨개

기사 내용에 대해 더 생각해봐요.

1. 기사에서 중요하다고 생각되는 단어 **3가지**를 써보세요.

2. 기사 내용 중 새롭게 알았거나 중요하다고 생각되는 것 **2가지**를 써보세요.

3. 기사 내용을 별점으로 나타내어 보고, 나의 소감도 **1문장**으로 써보세요.

월   일   요일

별점 : ☆☆☆

소감 :

별점기준
★★★ 추천해요.
★★☆ 재미있어요.
★☆☆ 읽어볼 만해요.
☆☆☆ 흥미가 없어요.

오레오 쓰기

우크라이나의 다크투어리즘에 대한 여러분의 생각은 어떠한가요? '전쟁의 참상을 깨닫는 여행으로서 우크라이나의 전쟁 관광은 적절하다', 또는 '전쟁의 참상을 상품화하는 것은 적절하지 않다'로 오레오 쓰기를 해보세요. 아래 예시를 참고하여 여러분의 의견을 표현해보세요.

오레오 쓰기

O (Opinion – 의견) : 주제에 대한 자신의 의견을 명확하게 표현합니다.
　　예 "나는 독서가 중요하다고 생각합니다."
R (Reason – 이유) : 자신의 의견을 뒷받침하는 이유를 제시합니다.
　　예 "독서는 상상력을 키워주고, 새로운 지식을 얻을 수 있게 해줍니다."
E (Example – 예시) : 의견과 이유를 뒷받침하는 구체적인 예시를 제공합니다.
　　예 "예를 들어, 모험 이야기는 다양한 문화에 대해 알게 해줍니다."
O (Opinion – 재확인) : 처음에 제시한 의견을 다시 한 번 정리하고 강조합니다.
　　예 "그래서 저는 독서가 정말 중요하다고 생각합니다."

 오레오 쓰기　자기가 생각한 대로 자유롭게 써보세요.

Opinion

Reason

Example

Opinion

 **기사 꿀단지**   월   일   요일

아름다운 바르셀로나, 관광객이 너무 많아요!

스페인 제2의 도시인 바르셀로나는 아름다운 항구도시로, 많은 관광객들이 방문하는 곳이에요. 멋진 건축물, 맛있는 음식, 그리고 아름다운 해변이 있는 도시이죠. 특히, 스페인의 건축가 안토니 가우디가 설계한 사그라다 파밀리아 성당은 꼭 가봐야 할 명소로 유명하답니다. 많은 관광객이 이곳을 찾아 사진을 찍고, 아름다운 풍경을 즐겨요. 하지만 최근 바르셀로나에는 '오버투어리즘'이라는 문제가 발생하고 있는데요. 오버투어리즘이란 어떤 지역에 관광객이나 외지인이 지나치게 몰리면서 일어나는 문제들을 말해요.

바르셀로나에는 매년 수백만 명의 관광객이 방문하고 이 때문에 도시가 매우 혼잡해졌어요. 특히 여름철에는 거리에 사람들이 가득 차고, 유명 관광지에서는 긴 줄을 서야 하는 경우도 많아요.

이렇듯 지역에 관광객이 너무 많아지면 여러 문제가 생겨요. 먼저 현지주민들은 관광객으로 인한 소음과 혼잡함 때문에 불편함을 느끼고, 도시 환경도 오염될 수 있어요. 또 상점의 물건과 식당의 음식가격이 올라가서 주민들이 생활하기 어려워질 수도 있어요. 우리나라에서도 서울 북촌 한옥마을에 사는 주민들이 밤낮으로 동네를 구경하며 소음을 일으키는 관광객들 때문에 고통을 호소한 바가 있죠.

이처럼 바르셀로나는 아름다운 도시이지만, 주민들은 오버투어리즘 문제로 갖가지 어려움을 겪고 있어요. 우리 모두 여행할 때는 그 도시와 주민들을 존중하고, 서로 배려하는 마음을 가지면 좋겠어요. 바르셀로나가 앞으로도 많은 사람들에게 사랑받는 도시로 남기를 바라요.

▲ 사그라다 파밀리아 성당

 **꿀벌로 지식 모으기**

사그라다 파밀리아 성당

사그라다 파밀리아 성당은 스페인 바르셀로나에 있는 아주 특별한 건축물이다. 이 성당은 유명한 건축가 안토니 가우디가 설계했다. 가우디는 자연을 닮은 곡선과 특유의 모자이크 기법을 활용해 건축 작품을 만든 것으로 유명하다. 가우디는 이 성당 또한 자연에서 영감을 받아 디자인했기 때문에, 성당의 모습이 아주 독특하고 아름답다. 사그라다 파밀리아 성당은 현재도 건축 중이고 2026년에 드디어 완공될 예정이라고 한다.

어휘 한 스푼

- 방문 : 어떤 사람이나 장소를 찾아가서 만나거나 봄
- 명소 : 이름이 널리 알려진 장소
- 오버투어리즘 : 과도한 관광객으로 인해 혼잡하거나 과밀화되어 지역주민들과 갈등을 일으키는 현상
- 혼잡 : 여럿이 한데 뒤섞이어 어수선함

어휘를 꿀떡

단어와 한자 뜻, 단어의 뜻을 써보세요.

| 명소 | 名 (이름 명) | 所 (바 소) | 이름이 널리 알려진 장소 |

1 유의어
- 명승 : 훌륭하고 이름난 경치. 또는 그런 곳
- 명지 : 이름난 곳

2 기사에서는 '명소'가 어떻게 쓰여 있는지 '명소'가 들어간 문장을 찾아 써보세요.

3 위 단어를 넣어 한 문장 만들기를 해보세요.

기사 꿀단지 열기

기사 내용에 대한 O, X 퀴즈를 풀어보세요.

1. 최근 바르셀로나 시민들은 많은 관광객이 찾아와 기뻐하고 있다.
2. 사그라다 파밀리아 성당은 스페인에서 유명한 관광명소이다.
3. 오버투어리즘이 발생하면 지역 물가가 올라 현지주민들이 생활하기 어려워질 수도 있다.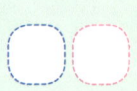

3-2-1 꿀뜨개

기사 내용에 대해 더 생각해봐요.

1 기사에서 중요하다고 생각되는 단어 **3가지**를 써보세요.

2 기사 내용 중 새롭게 알았거나 중요하다고 생각되는 것 **2가지**를 써보세요.

3 기사 내용을 별점으로 나타내어 보고, 나의 소감도 **1문장**으로 써보세요.

월 일 요일	별점기준
별점: ☆☆☆	★★★ 추천해요.
소감:	★★☆ 재미있어요.
	★☆☆ 읽어볼 만해요.
	☆☆☆ 흥미가 없어요.

사고력 붕붕
관점의 전환

관점의 전환은 문제를 다각적으로 분석하고, 자신의 의견을 형성하는 데 도움이 돼요. 다양한 시각을 이해함으로써 사회문제에 대한 책임감과 관심을 느끼게 되고, 다른 사람의 입장에서 생각해보면서 감정과 상황을 이해하는 데 도움이 된답니다. 앞 기사를 읽고 오버투어리즘의 문제점이 무엇인지 쓰고 바르셀로나 주민들이 관광객들에게 부탁하고 싶은 말에는 무엇이 있을지 써보세요.

 기사 꿀단지

월   일   요일

에베레스트에 등반할 때는 배변봉투 지참!

에베레스트는 네팔과 티베트의 경계에 있는 세계에서 가장 높은 산으로, 그 높이가 무려 8,848m나 된답니다. 매년 수천 명의 등산객들이 이곳을 방문할 정도로 인기 있는 등산지로 알려져 있어요. 그러나 이러한 인기와 함께 심각한 쓰레기 문제도 동시에 발생하고 있는데요.

등산객들이 산을 오르면서 남기는 음식포장지, 물병, 텐트 조각 등 다양한 쓰레기가 쌓여가고 있어요. 특히, 고산지대에서는 사람의 배설물로 인해 여러 가지 심각한 문제가 발생하고 있어요. 고산지대의 극한 온도로 배설물이 자연적으로 분해되지 않고 오랫동안 남아 있기 때문이죠. 게다가 이곳은 쓰레기를 치우기도 어려워 환경오염이 가속화되고 있답니다.

쓰레기는 단순히 에베레스트의 미관을 해치는 것을 넘어, 생태계와 환경에 큰 영향을 미치고 있어요. 배설물과 각종 쓰레기의 급증은 지역 생태계의 균형을 깨뜨리고, 등산객과 지역주민들의 건

강에도 위협이 되고 있어요.

이에 따라, 네팔 정부는 에베레스트에 올라가려면 용변을 담을 수 있는 '배변봉투'를 반드시 챙겨야 한다는 지침을 발표했어요. 관련 기관과 단체들도 에베레스트의 쓰레기 문제를 해결하기 위한 다양한 노력을 기울이고 있는데요. 이러한 노력들이 지속되어야 에베레스트의 아름다움을 지키고, 환경을 보호할 수 있어요. 에베레스트를 찾는 모든 이들이 책임감을 가지고 자연을 존중하는 태도를 가져야 할 때입니다.

 꿀벌로 지식 모으기

에베레스트

네팔과 중국의 티베트 국경에 솟은 높이 8,848m의 봉우리로, 히말라야 산맥에서 가장 높은 봉우리이자 세계에서 가장 높은 봉우리이다. 오래전부터 티베트에서는 이 산을 대지의 여신이라는 의미의 '초모랑마'로, 네팔에서는 세계 어머니 여신이라는 뜻인 '사가르마타'로 불렀다. 중국에서는 초모랑마를 음차해 주무랑마라고 불러 왔다. 에베레스트의 첫 정상 등반은 1953년 영국 원정대에 의해 이뤄졌다.

어휘 한 스푼

- 고산지대 : 높은 산의 지대
- 미관 : 아름답고 훌륭한 풍경
- 급증 : 갑작스럽게 늘어남
- 지침 : 생활이나 행동 따위의 지도적 방법이나 방향을 인도하여 주는 준칙

어휘를 꿀떡

단어와 한자 뜻, 단어의 뜻을 써보세요.

미 관	美	觀	아름답고 훌륭한 풍경
	아름다울 미	볼 관	

1 유의어
- 절경 : 더할 나위 없이 훌륭한 경치
- 가경 : 빼어나게 아름다운 경치

2 기사에서는 '미관'이 어떻게 쓰여 있는지 '미관'이 들어간 문장을 찾아 써보세요.

3 위 단어를 넣어 한 문장 만들기를 해보세요.

기사 꿀단지 열기

기사 내용에 대한 O, X 퀴즈를 풀어보세요.

1 에베레스트는 프랑스와 스위스의 경계에 있는 산이다.

2 에베레스트는 세계에서 두번째로 높은 산이다.

3 네팔정부는 에베레스트에 올라가려면 '배변봉투'를 챙겨야한다고 했다.

3-2-1 꿀뜨개

기사 내용에 대해 더 생각해봐요.

1 기사에서 중요하다고 생각되는 단어 **3가지**를 써보세요.

2 기사 내용 중 새롭게 알았거나 중요하다고 생각되는 것 **2가지**를 써보세요.

3 기사 내용을 별점으로 나타내어 보고, 나의 소감도 **1문장**으로 써보세요.

월 일 요일	별점기준
별점 : ★★★	★★★ 추천해요.
	★★☆ 재미있어요.
소감 :	★☆☆ 읽어볼 만해요.
	☆☆☆ 흥미가 없어요.

4컷 만화 그리기

4컷 만화는 복잡한 내용을 간단하게 요약해 전달할 수 있어, 읽는 사람이 이해하기 쉽고 빠르게 핵심을 파악할 수 있어요. 앞의 기사를 읽고 에베레스트와 쓰레기 문제에 대한 4컷 만화를 그려보세요.

 기사 꿀단지   월   일   요일

이집트 피라미드 건설의 비밀

최근 미국 노스캐롤라이나대 '에만 고네임' 교수 연구팀에 따르면, 이집트의 기자와 아부시르, 사카라, 다흐슈르, 리슈트 등 피라미드 단지가 고대 나일강의 아흐라마트 지류를 따라 건설된 것으로 밝혀졌어요. '아흐라마트'는 아랍어로 '피라미드'를 의미합니다. 또, '지류'는 강의 주된 흐름에서 갈라진 물줄기를 지칭해요. 연구팀은 인공위성을 활용한 퇴적물 분석을 통해 지류의 위치를 확인하고, 피라미드 건설에 중요한 경로로 사용되었음을 밝혀냈어요.

피라미드는 약 4700년 전, 고대 이집트의 제3왕조와 제13왕조 사이에 걸쳐 건설되었고, 나일강은 농업과 무역에 필수적인 물 공급원 역할을 했어요. 아흐라마트 지류는 피라미드 건설에 필요한 자재를 나일강에서 피라미드 지역으로 운반하는 수로로 사용되었어요. 이는 마치 고속도로 같은 기능을 했죠.

연구팀은 나일강이 고대 이집트인들에게 물자를 나르는 고속도로이자 문화적 중심 역할을 했다고 말했어요. 또한, 인류 사회가 역사적으로 환경 변화의 영향을 어떻게 받아왔는지를 잘 보여준다고 덧붙였답니다.

이번 연구는 고대 이집트의 건축기술과 물류시스템에 대한 이해를 한층 더 깊게 해줄 것으로 기대돼요. 피라미드 건설에 사용된 자재의 운반경로와 방법을 밝힘으로써, 고대 이집트 문명의 복잡성과 그들이 어떻게 이러한 거대한 구조물을 세울 수 있었는지 이해하는 데 도움이 될 거예요.

 꿀벌로 지식 모으기

나일강

아프리카 대륙 동북부를 흐르는 나일강은 적도 부근에서 출발해 에티오피아, 이집트를 거쳐 지중해에 이르는 총 길이 약 6,700km의 거대한 강이다. 그동안 세계에서 가장 긴 강이라고 알려져 왔으나, 2008년 5월 리마 지리학회의 발표에 따라 아마존강이 더 긴 것으로 조사됐다. 그러나 강은 해마다 새로운 물줄기가 뻗어날 수도 있기 때문에 강의 길이는 유동적으로 변하며, 따라서 나일강이 다시 세계에서 가장 긴 강의 자리에 오를 수도 있다.

어휘 한 스푼

- 지칭 : 어떤 대상을 가리켜 이르는 일. 또는 그런 이름
- 퇴적물 : 물의 흐름이나 바람 따위에 의하여 운반된 암석의 깨진 조각 따위가 지표면에 쌓인 것
- 경로 : 지나는 길
- 인류 : 세계의 모든 사람

어휘를 꿀떡

단어와 한자 뜻, 단어의 뜻을 써보세요.

| 지칭 | 指 가리킬 지 | 稱 일컬을 칭 | 어떤 대상을 가리켜 이르는 일. 또는 그런 이름 |

1 유의어
- 명명 : 사람, 사물, 사건 등의 대상에 이름을 지어 붙임
- 호칭 : 이름 지어 부름. 또는 그 이름

2 기사에서는 '지칭'이 어떻게 쓰여 있는지 '지칭'이 들어간 문장을 찾아 써보세요.

3 위 단어를 넣어 한 문장 만들기를 해보세요.

 **기사 꿀단지 열기**

기사 내용에 대한 O, X 퀴즈를 풀어보세요.

1. 고네임 교수 연구팀은 고대 피라미드가 아마존강의 지류를 따라 건설됐다고 전했다.
2. 아흐라마트 지류는 피라미드 건설에 필요한 자재를 운반하는 데 사용됐다.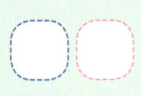
3. 고대 이집트는 아흐라마트 지류를 건너는 고속도로를 건설했다.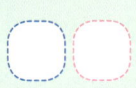

 **3-2-1 꿀뜨개**

기사 내용에 대해 더 생각해봐요.

1. 기사에서 중요하다고 생각되는 단어 **3가지**를 써보세요.

2. 기사 내용 중 새롭게 알았거나 중요하다고 생각되는 것 **2가지**를 써보세요.

3. 기사 내용을 별점으로 나타내어 보고, 나의 소감도 **1문장**으로 써보세요.

월 일 요일

별점 : ☆☆☆

소감 :

별점기준
★★★ 추천해요.
★★☆ 재미있어요.
★☆☆ 읽어볼 만해요.
☆☆☆ 흥미가 없어요.

사고력 붕붕
아나운서 되어보기

아나운서는 뉴스, 스포츠, 날씨 등 다양한 정보를 청중에게 전달하는 역할을 해요. 이때, 명확한 발음과 적절한 발성을 통해 청중이 쉽게 내용을 이해할 수 있도록 해야 합니다. 앞 기사를 청중이 쉽게 이해하도록 다시 작성한 후, 아나운서처럼 발표해 보세요. 뉴스에서 아나운서가 소식을 어떻게 전달하는지 참고할 자료를 찾아보는 것도 좋아요. 아나운서가 되어 발표할 기사의 원고를 새롭게 작성한 후, 그 원고를 아나운서처럼 읽어보세요.

〈 뉴스 원고 〉

 기사 꿀단지   월   일   요일

인도네시아에서 개발한 '물고기 우유'

인도네시아는 최근 몇 년 동안 젖소의 수가 줄어들면서 우유를 만드는 데 어려움을 겪었어요. 인도네시아는 바다에 둘러싸인 나라로, 다양한 종류의 물고기가 많이 잡히는데요. 그래서 한 비영리재단이 물고기를 갈아 만든 '물고기 우유'를 개발하게 되었답니다. 이 물고기 우유는 바다에서 잡은 물고기를 이용해 만들어져요.

어부들은 매일 두 번 바다에 나가 물고기를 잡고, 잡은 물고기를 공장으로 배달해요. 공장에서는 물고기의 뼈와 살을 분리한 후, 살을 건조시켜 단백질이 풍부한 하얀가루로 만들어요. 이 가루에 설탕과 물, 그리고 딸기나 초콜릿 같은 향료를 넣으면 맛있는 물고기 우유가 완성된답니다.

이 물고기 우유는 동남아시아 여러 국가의 학교 급식 메뉴에 포함될 예정이에요. 현지에서는 물고기 우유를 뛰어난 단백질 공급원으로 홍보하고 있으며, 인도네시아정부도 "부패 위험으로 유통 범위가 제한적이지만, 풍부한 수산자원을 활용할 수 있다는 장점이 있다"고 밝혔어요.

전문가들은 정부의 지원으로 물고기 우유의 공급이 확대될 경우 연간 50만 톤을 생산해 약 45억 달러(약 6조 3,020억 원) 규모의 사업으로 성장할 것으로 예상해요. 아울러 약 20만 개의 일자리가 창출될 것으로 기대하고 있죠.

그러나 일부 소비자들은 물고기 우유가 설탕과 인공감미료를 섞은 초가공 식품이라는 점에 대해 우려를 표명하고 있어요. 또한, 화학처리를 하더라도 남아 있는 생선 특유의 비린내가 단점으로 지적되고 있답니다.

▲ 인도네시아 물고기 우유의 제품 광고

 꿀벌로 지식 모으기

인도네시아

인도네시아는 인도양과 태평양 사이에 위치한 섬나라로 면적이 1,904,569km²에 달한다. 세계에서 14번째로 면적이 넓은 나라이며, 섬나라 중에서는 세계에서 가장 면적이 넓다. 인구는 약 2억 8천만 명으로 세계 4위 규모이고, 마찬가지로 섬나라 중에서는 인구가 가장 많다. 무려 1만 8천 개가 넘는 크고 작은 섬들이 동서 방향으로 길게 뻗어 나라의 영토를 구성하고 있다.

어휘 한 스푼

- **부패** : 음식물이 상하거나 썩는 현상
- **창출** : 전에 없던 것을 처음으로 생각하여 지어내거나 만들어 냄
- **가공** : 원자재를 인공적으로 처리하여 새로운 제품을 만드는 것
- **표명** : 의사나 태도를 분명하게 드러냄

어휘를 꿀떡

단어와 한자 뜻, 단어의 뜻을 써보세요.

| 표 명 | 
 겉 표 | 
 밝을 명 | 의사나 태도를 분명하게 드러냄 |

1 유의어
- **성명** : 어떤 일에 대한 자기의 입장이나 견해 또는 방침 따위를 공개적으로 발표함
- **선언** : 자신의 주장이나 뜻을 널리 펴서 알림. 또는 그 말

2 기사에서는 '표명'이 어떻게 쓰여 있는지 '표명'이 들어간 문장을 찾아 써보세요.

3 위 단어를 넣어 한 문장 만들기를 해보세요.

 **기사 꿀단지 열기**

기사 내용에 대한 O, X 퀴즈를 풀어보세요.

1. 인도네시아는 젖소의 수가 줄어들어 대신 염소우유를 개발했다.
2. 물고기 우유는 물고기의 뼈를 건조시켜 만든 단백질로 생산된다.
3. 소비자들은 물고기 우유가 비린내가 전혀 나지 않는 특별한 우유라고 말했다.

 **3-2-1 꿀뜨개**

기사 내용에 대해 더 생각해봐요.

1. 기사에서 중요하다고 생각되는 단어 **3가지**를 써보세요.

2. 기사 내용 중 새롭게 알았거나 중요하다고 생각되는 것 **2가지**를 써보세요.

3. 기사 내용을 별점으로 나타내어 보고, 나의 소감도 **1문장**으로 써보세요.

월 일 요일

별점 : ☆☆☆

소감 :

별점기준
★★★ 추천해요.
★★☆ 재미있어요.
★☆☆ 읽어볼 만해요.
☆☆☆ 흥미가 없어요.

PMO 쓰기

기사에서 살펴본 물고기 우유의 장점과 단점을 찾아 쓰고 물고기 우유에 대한 나의 의견을 써보세요.

 기사 꿀단지

월　일　요일

콜로세움, 테마파크로 변신? 검투사 체험 논란

콜로세움(Colosseum)은 이탈리아 로마에 위치한 고대 로마의 원형 경기장으로, 세계에서 가장 유명한 고대 유적 중 하나예요. 이 경기장은 검투사 경기, 서커스 등 다양한 오락을 위해 사용되었답니다. 최대 5만 명에서 8만 명까지 수용할 수 있는 규모로, 관중들은 다양한 경기를 관람할 수 있었어요.

그런데 세계 최대 공유 숙박업체 에어비앤비가 콜로세움에서 검투사 체험 이벤트를 열어 논란이 되었어요. 에어비앤비는 '콜로세움 고고학 공원'과 150만 달러(약 20억 원) 규모의 후원 계약을 체결했는데요. 이 계약에 따라 추첨을 통해 선정된 에어비앤비 이용자는 2025년 5월 7~8일 콜로세움에서 검투사 체험을 할 수 있어요. 이 이벤트는 영화 '글래디에이터 2'의 개봉에 맞춰 기획되었답니다.

그러나 로마시 문화담당 시의원인 마시밀리아노 스메릴리오는 이 이벤트에 강하게 반발했어요. 그는 "세계에서 가장 중요한 유산 중 하나를 테마파크로 바꿀 수는 없다"며, 콜로세움이 모든 사람이 누릴 수 있는 공간이어야 한다고 주장했어요. 또 문화재를 상품화하는 것은 옳지 않다고 강조했죠.

반면 공원 측은 "이번 계약은 콜로세움의 역사와 문화를 더 잘 알리기 위한 것"이라고 반박했어요. 이어서 "문화재 보존비용 마련을 위해선 민간투자가 필요하다. 이 협력을 통해 더 많은 사람들이 콜로세움의 문화적 가치를 경험할 수 있도록 하겠다"고 덧붙였답니다.

▲ 이탈리아 로마의 콜로세움

 꿀벌로 지식 모으기

콜로세움
이탈리아 로마에 있는 원형 경기장으로 서기 70년경 베스파시아누스 황제 때 건설을 시작하여 80년 아들 티투스 황제 때에 완공되었다. 로마시민들에게 볼거리와 오락거리를 제공하던 공간이다. 검투사들의 경기가 벌어지던 투기장이었으며, 검투사가 사자나 호랑이와 같은 맹수와 싸움을 벌이는 비인간적인 공간이기도 했다. 때로는 연극을 공연하는 공연장으로도 사용되었다. 중세시대에는 교회로 사용되었고, 현대에 와서는 로마를 상징하는 유적이자 건축물로 자리 잡았다.

어휘 한 스푼

- 유적 : 남아 있는 자취. 건축물이나 싸움터 또는 역사적인 사건이 벌어졌던 곳
- 후원 : 뒤에서 도와줌
- 체결 : 계약이나 조약 따위를 공식적으로 맺음
- 유산 : 앞 세대가 물려준 사물 또는 문화

어휘를 꿀떡

단어와 한자 뜻, 단어의 뜻을 써보세요.

| 체결 | 締 (맺을 체) | 結 (맺을 결) | 계약이나 조약 따위를 공식적으로 맺음 |

1 유의어
- 체약 : 계약이나 조약, 약속 따위를 맺음
- 협약 : 협상에 의하여 조약을 맺음

2 기사에서는 '체결'이 어떻게 쓰여 있는지 '체결'이 들어간 문장을 찾아 써보세요.

3 위 단어를 넣어 한 문장 만들기를 해보세요.

기사 꿀단지 열기

기사 내용에 대한 O, X 퀴즈를 풀어보세요.

1 콜로세움은 그리스에 위치한 고대 원형 경기장이다.　　O　X

2 에어비앤비는 콜로세움에서 검투사 체험 이벤트를 열 예정이다.　　☐　☐

3 로마시의 문화담당 시의원은 이 이벤트에 대해 크게 환호했다.　　☐　☐

3-2-1 꿀뜨개

기사 내용에 대해 더 생각해봐요.

1 기사에서 중요하다고 생각되는 단어 **3가지**를 써보세요.

2 기사 내용 중 새롭게 알았거나 중요하다고 생각되는 것 **2가지**를 써보세요.

3 기사 내용을 별점으로 나타내어 보고, 나의 소감도 **1문장**으로 써보세요.

　　　　　　　　　　　월　일　요일

별점 : ☆☆☆

소감 :

별점기준
★★★ 추천해요.
★★☆ 재미있어요.
★☆☆ 읽어볼 만해요.
☆☆☆ 흥미가 없어요.

찬성 vs 반대

콜로세움에서 검투사 체험을 하는 것을 두고 찬성과 반대의견이 나뉘고 있어요. 여러분은 어떻게 생각하나요? 다음 찬성의 이유와 반대의 이유를 정리해 보고 자신의 의견을 써보세요.

논제 : 콜로세움에서 검투사 체험을 해도 된다.

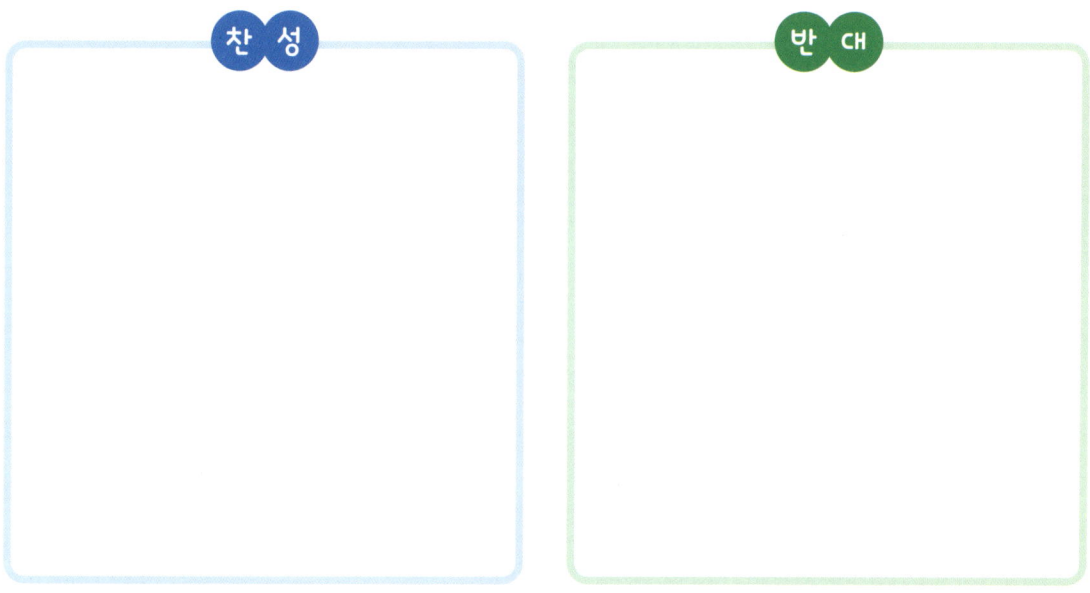

콜로세움에서의 검투사 체험에 대한 나의 의견은 (찬성/반대)이다.

왜냐하면

 기사 꿀단지

월   일   요일

파나마 운하, 기후변화의 도전에 직면하다

파나마 운하는 중남미의 파나마에 있는 아주 중요한 인공 수로예요. 이 운하는 대서양과 태평양을 연결해서 배들이 두 대양을 빠르게 오갈 수 있도록 도와줘요. 만약 파나마 운하가 없었다면, 남미대륙 외곽을 돌아가야 해 시간이 많이 걸리고 운항도 힘들었을 거예요. 그래서 파나마 운하는 세계무역에 큰 도움이 된답니다.

하지만 최근 파나마 운하는 여러 가지 어려움에 직면하고 있어요. 특히 운하를 통과하는 선박 수가 줄어들고 있죠. 파나마 운하청(ACP)의 2024년 연간 보고서에 따르면, 운하를 통과한 배의 수가 전년보다 29.4%나 줄어들어서 9,926척에 불과했대요. 이는 운하의 운영에 큰 영향을 미치고 있어요.

기후변화로 배들이 통과하는 데 필요한 운하의 물이 마르는 문제도 심각해요. 최근 몇 년 동안 파나마 지역에서는 심각한 가뭄이 발생해 물의 양이 줄어들어 운하의 수문 운영이 어려워지고 있어요. 기후변화 때문에 앞으로도 이런 문제는 계속될 것으로 예상되는데, 특히 '엘니뇨'라는 기상현상이 가뭄을 더 악화시키고 있죠. 엘니뇨는 바다의 온도가 변하면서 날씨에도 큰 영향을 주는 현상이에요.

이런 상황은 파나마 운하의 운영뿐만 아니라, 세계무역에도 나쁜 영향을 미칠 수 있어요. 운하를 이용하는 배가 줄면 물류비용이 올라가고, 유통에 지장이 생겨 필요한 물건을 제때 받지 못할 수도 있어요. 그래서 파나마 운하를 잘 운영하기 위한 대책이 꼭 필요하답니다.

▲ 파나마 운하

 꿀벌로 지식 모으기

운하(Canal)

육지를 파서 인공적으로 강을 내고 배가 다닐 수 있게 한 수로이다. 운하는 선박이 이동할 수 있는 경로를 제공하여, 해상교통을 원활하게 한다. 이를 통해 물류와 상업활동이 활성화된다.
- 파나마 운하 : 대서양과 태평양을 연결하는 중요한 운하로, 세계무역에서 중요한 역할을 한다.
- 수에즈 운하 : 이집트에 위치하며, 유럽과 아시아를 연결하는 주요 해상경로이다.

어휘 한 스푼

- **수로** : 선박이 다닐 수 있는 수면상의 일정한 길
- **직면** : 어떤 일이나 사물을 직접 당하거나 접함
- **선박** : 사람이나 물건을 싣고 물위를 떠다니도록 만든 물건. 주로 규모가 큰 배
- **수문** : 물의 흐름을 조절하기 위하여 설치한 문

어휘를 꿀떡

단어와 한자 뜻, 단어의 뜻을 써보세요.

| 직 면 |  곧을 직 |  낯 면 | 어떤 일이나 사물을 직접 당하거나 접함 |

1 유의어
- **봉착** : 어떤 처지나 상태에 부닥침
- **당면** : 일부 명사 앞에서 관형어로 쓰여, 어떤 일에 바로 맞닥뜨림을 나타내는 말

2 기사에서는 '직면'이 어떻게 쓰여 있는지 '직면'이 들어간 문장을 찾아 써보세요.

3 위 단어를 넣어 한 문장 만들기를 해보세요.

 기사 꿀단지 열기

기사 내용에 대한 O, X 퀴즈를 풀어보세요.

1 파나마 운하는 아프리카에 있는 인공 수로이다.

2 기후변화로 인해 파나마 지역에 가뭄이 발생했다.

3 파나마 운하를 통과하는 선박의 수가 줄어들었다.

 3-2-1 꿀뜨개

기사 내용에 대해 더 생각해봐요.

1 기사에서 중요하다고 생각되는 단어 **3가지**를 써보세요.

2 기사 내용 중 새롭게 알았거나 중요하다고 생각되는 것 **2가지**를 써보세요.

3 기사 내용을 별점으로 나타내어 보고, 나의 소감도 **1문장**으로 써보세요.

월　일　요일

별점 : ☆☆☆
소감 :

별점기준
★★★ 추천해요.
★★☆ 재미있어요.
★☆☆ 읽어볼 만해요.
☆☆☆ 흥미가 없어요.

지도찾기

파나마 운하는 대서양과 태평양을 연결하는 매우 중요한 통로 역할을 맡고 있어요. 우리나라도 무역을 할 때 많은 물량을 이 운하를 통해 운송하고 있답니다. 아래 문항을 자세히 읽고 지도에 표시해보세요.

〈보기〉

1 〈보기〉를 참고하여 〈세계지도〉에서 파나마 운하가 있는 지역을 찾아 '=' 표를 하고 그 옆에 배를 그려보세요.

2 우리나라를 찾아서 동그라미 해보세요.

3 우리나라에서 파나마 운하까지 태평양을 가로질러 파나마 운하가 있는 곳까지 점선으로 이어보세요.

〈세계지도〉

* 나무로 만든 인공위성, 리그노샛

* 말라리아의 습격, 예방수칙을 잘 지켜요

* 머지않아 타게 될 자율주행 자동차

* 미래의 에너지원, 재생에너지

* 벼락이 떨어졌다! 안전하게 대피해요

* 소금으로 전기를 저장한다?

* 스페이스X의 스타십, 수직 착륙 성공

* 제주도의 특별한 아나운서

* 초록색의 '추풍낙엽', 계절을 착각한 나무

4장

과학

 기사 꿀단지   월   일   요일

나무로 만든 인공위성, 리그노샛

2024년 11월 5일 일본에서 세계최초로 나무로 만든 인공위성, 리그노샛(LignoSat)이 우주로 발사되었어요. 이 특별한 인공위성은 나무로 만들어져 있어, 사용이 끝나면 깨끗하게 연소됩니다.

리그노샛은 일본 교토대학교의 연구팀이 개발했으며, 미국 플로리다에 있는 NASA 케네디 우주센터에서 스페이스X 로켓에 실려 발사되었어요. 이 인공위성은 정육면체 모양으로, 한 변의 길이가 약 10cm이고 무게는 1kg밖에 되지 않아요. 이름은 나무를 뜻하는 라틴어 '리그넘(Lignum)'에서 따왔어요.

리그노샛은 국제우주정거장(ISS)에 도착한 후 한 달 뒤에 우주로 방출되었습니다. 이 위성은 우주의 극한 환경에서 얼마나 잘 견딜 수 있는지, 그리고 어떤 변형이 어떻게 일어나는지에 대한 데이터를 연구자들에게 전송하게 되죠.

리그노샛은 우주에서 사용할 수 있는 다양한 재료의 가능성을 보여줄 것으로 기대돼요. 특히 나무로 제작된 인공위성은 지구 대기권으로 돌아올 때 완전히 연소되기 때문에, 기존 인공위성이 남기는 금속 쓰레기 문제를 해결할 수 있는 좋은 방법으로 주목받고 있답니다.

이제 리그노샛이 우주에서 어떤 일을 할지 기대가 돼요. 앞으로도 더 많은 연구가 이루어져, 우주가 더 깨끗하고 안전한 곳이 되기를 바랍니다.

▲ 리그노샛과 유사한 형태의 인공위성 상상도

 꿀벌로 지식 모으기

인공위성

특수한 목적을 위해 지구 주위를 일정한 주기로 도는 인공적인 구조물을 말한다. 인류 최초의 인공위성은 1957년 소련이 발사한 스푸트니크 1호다. 인공위성은 용도에 따라 군사적 정찰활동을 하는 정찰위성, 날씨를 알려주는 기상위성, 다른 나라의 방송을 볼 수 있게 해주는 통신위성, 위치를 알려 주는 항행위성, 우주를 관측하기 위한 천문위성 등이 있다. 우리나라도 2022년 독자기술로 만든 발사체 '누리호'를 발사해 인공위성을 지구궤도에 올리는 데 성공했다.

어휘 한 스푼

- **연소** : 물질이 산소와 화합할 때에 많은 빛과 열을 내는 현상
- **방출** : 비축하여 놓은 것을 내놓음
- **변형** : 모양이나 형태가 달라지거나 달라지게 함. 또는 그 달라진 형태
- **대기권** : 지구를 둘러싸고 있는 대기의 범위, 지상에서 약 1,000km까지의 구간

어휘를 꿀떡

단어와 한자 뜻, 단어의 뜻을 써보세요.

| 방출 | 放 (놓을 방) | 出 (날 출) | 비축하여 놓은 것을 내놓음 |

1 유의어
- **배출** : 안에서 밖으로 밀어 내보냄
- **누출** : 액체나 기체 따위가 밖으로 새어 나옴. 또는 그렇게 함

2 기사에서는 '방출'이 어떻게 쓰여 있는지 '방출'이 들어간 문장을 찾아 써보세요.

3 위 단어를 넣어 한 문장 만들기를 해보세요.

기사 꿀단지 열기

기사 내용에 대한 O, X 퀴즈를 풀어보세요.

1. 인공위성 리그노샛은 일본에서 만들었다. ⭕ ❌
2. 리그노샛의 이름은 금속을 뜻하는 라틴어 '리그넘'에서 따왔다. ⬜ ⬜
3. 리그노샛은 우주에 우주쓰레기가 얼마나 많은지 조사할 예정이다. ⬜ ⬜

3-2-1 꿀뜨개

기사 내용에 대해 더 생각해봐요.

1. 기사에서 중요하다고 생각되는 단어 **3가지**를 써보세요.

2. 기사 내용 중 새롭게 알았거나 중요하다고 생각되는 것 **2가지**를 써보세요.

3. 기사 내용을 별점으로 나타내어 보고, 나의 소감도 **1문장**으로 써보세요.

   월 일 요일

   별점: ☆☆☆
   소감:

   별점기준
   ★★★ 추천해요.
   ★★☆ 재미있어요.
   ★☆☆ 읽어볼 만해요.
   ☆☆☆ 흥미가 없어요.

연구보고서 쓰기

연구보고서는 연구과정에서 얻은 데이터, 분석결과, 결론 등을 체계적으로 기록하여 후속연구나 참고를 위해 보존하는 역할을 합니다. 기사를 토대로 연구보고서를 작성해 보았어요. 기사를 참고하여 빈 칸에 단어를 넣어 보세요.

〈 연 구 보 고 서 〉

구 분	설 명
연구 목표	리그노샛이 우주의 ☐ 환경에서 얼마나 잘 견딜 수 있는지를 평가한다.
연구 동기	리그노샛은 ☐ 로 만들어져 사용이 끝난 후 완전히 ☐ 될 수 있는 특성을 가지고 있어, 기존 인공위성이 남기는 금속 쓰레기 문제를 해결하기 위해 연구되기 시작했다.
연구 방법	리그노샛은 정육면체 모양으로, 한 변의 길이가 약 ☐, 무게는 ☐ 이다. 인공위성이 ☐ (ISS)에 도착한 후 한 달 뒤에 우주로 ☐ 되었으며, 이 과정에서 다양한 센서를 통해 ☐ 를 수집하고 연구자들에게 전송하게 된다.
기대효과	리그노샛은 우주에서 사용할 수 있는 ☐ 의 가능성을 보여주며, 특히 ☐ 로 제작된 인공위성이 지구 대기권으로 돌아올 때 완전히 ☐ 되어 ☐ 문제를 해결할 수 있기를 기대하고 있다.
결 론	나무로 만든 인공위성이 우주 환경에서 어떻게 작용하는지를 연구함으로써, 지속가능한 우주탐사와 인공위성 개발에 기여할 수 있는 기회를 제공할 것이다.

 기사 꿀단지

월 일 요일

말라리아의 습격, 예방수칙을 잘 지켜요

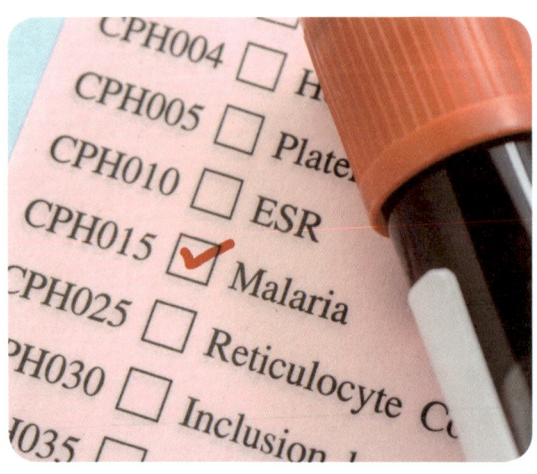

최근 수도권을 중심으로 말라리아 환자가 급격히 증가했어요. 질병관리청 감염병포털에 따르면 2024년 1~10월 국내에서 발생한 말라리아 환자는 모두 677명이라고 합니다.

말라리아는 단세포 생물인 말라리아 원충에 감염된 모기가 사람의 피를 빨면서 전파되는 질병이에요. 이 질병은 주로 열대지역에서 발생하고 있어요. 하지만 기후변화로 인해 우리나라 기온이 상승하면서 모기가 서식할 수 있는 환경이 늘어나고 있어요. 날씨가 더워지고 비가 많이 오는 날이 잦아지면서 모기가 더 많이 생기고 있답니다.

또 하나, 말라리아 감염환자가 증가하는 이유는 한반도 비무장지대(DMZ)에 서식하는 말라리아 매개 모기들이 우리나라로 내려오기 때문이에요. DMZ 지역은 기후가 따뜻하고 습도가 높아 말라리아 매개 모기인 얼룩날개모기가 서식하기에 적합해요. 이 모기는 우리가 흔히 보는 일반 모기(빨간집모기)와 달리 최장 12km까지 비행할 수 있어요. 그래서 북한에서 남하해 접경 지역의 주민이나 군인들에게 말라리아를 전파할 수 있는 위험이 크답니다. 북한의 열악한 환경과 방역이 제대로 이뤄지지 않는 비위생적인 상황에서 말라리아 매개 모기가 우리나라로 유입될 가능성이 있다는 분석도 있어요.

말라리아의 확산으로 걱정이 크지만, 예방수칙을 잘 지키고 모기에 물리지 않도록 조심한다면 충분히 예방할 수 있어요.

 꿀벌로 지식 모으기

말라리아

'학질'이라고도 불리며 말라리아 매개 모기가 옮기는 감염병을 말한다. 전형적인 감염증상은 두통, 식욕부진, 오한, 발열, 발한 등이다. 원인이 되는 병원체의 종류에 따라 증상 및 특징이 다르다. 아프리카 등 열대지역에서 주로 발생하고, 아직도 우리 지구에서는 매년 2~3억 명의 감염자가 발생하며 수십만 명이 사망하고 있다. 우리나라에서는 1970년대 중반까지 삼일열 말라리아가 있었으나, 그 후 사라졌다가 1993년부터 재출현하고 있다.

어휘 한 스푼

- 전파 : 전하여 널리 퍼뜨림
- 매개 : 중간에서 양편의 관계를 맺어 줌. 또는 그 수단이나 활동
- 접경 : 경계가 서로 맞닿음. 또는 그 경계
- 방역 : 전염병이 발생하거나 유행하는 것을 미리 막는 일

어휘를 꿀떡

단어와 한자 뜻, 단어의 뜻을 써보세요.

전 파 | 傳 (전할 전) | 播 (뿌릴 파) | 전하여 널리 퍼뜨림

1 유의어

- 유포 : 세상에 널리 퍼짐. 또는 세상에 널리 퍼뜨림
- 확산 : 흩어져 널리 퍼짐

2 기사에서는 '전파'가 어떻게 쓰여 있는지 '전파'가 들어간 문장을 찾아 써보세요.

3 위 단어를 넣어 한 문장 만들기를 해보세요.

과학 **131**

기사 꿀단지 열기

기사 내용에 대한 O, X 퀴즈를 풀어보세요.

1. 말라리아는 사람들의 침을 통해 전파된다.
2. 기후변화로 인해 우리나라 기온이 상승하면서 모기들이 많이 사라지고 있다.
3. 비무장지대(DMZ)에 서식하는 말라리아 매개 모기들이 우리나라로 내려오고 있다.

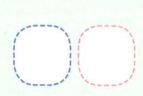

3-2-1 꿀뜨개

기사 내용에 대해 더 생각해봐요.

1. 기사에서 중요하다고 생각되는 단어 **3가지**를 써보세요.

2. 기사 내용 중 새롭게 알았거나 중요하다고 생각되는 것 **2가지**를 써보세요.

3. 기사 내용을 별점으로 나타내어 보고, 나의 소감도 **1문장**으로 써보세요.

월   일   요일

별점 : ☆☆☆
소감 :

별점기준
★★★ 추천해요.
★★☆ 재미있어요.
★☆☆ 읽어볼 만해요.
☆☆☆ 흥미가 없어요.

사고력 붕붕

인포그래픽 그리기

인포그래픽은 정보를 시각적으로 전달하는 그래픽을 의미합니다. 인포그래픽을 활용하여 말라리아 예방수칙을 작성해 보세요. 〈보기〉에서 말라리아의 예방수칙을 확인한 후, 해당 번호에 맞춰 표를 작성해보세요(말라리아 예방수칙 1번을 참고해서 작성하세요).

〈 보 기 〉

❶ 모기기피제 사용
❷ 야간활동 자제
❸ 밝은색의 긴 옷 착용
❹ 야외활동 후 샤워
❺ 가정용 살충제 사용 및 방충망 정비

〈 말라리아 예방수칙 〉

1	 모기기피제 사용
2	
3	
4	
5	

과학 133

 기사 꿀단지

월   일   요일

머지않아 타게 될 자율주행 자동차

최근에 테슬라가 로보택시 '사이버캡'을 공개했어요. 로보택시는 자율주행 기술을 이용해 사람을 태우고 목적지까지 안전하게 데려다주는 똑똑한 자동차예요. 이 차는 운전자 없이도 스스로 도로를 주행할 수 있답니다. 자율주행 자동차는 이처럼 사람의 도움 없이 스스로 운전할 수 있는 자동차를 말해요. 다양한 센서와 카메라를 사용해 주변을 살펴보고, 도로의 상황을 판단해 안전하게 운전할 수 있어요.

자율주행 자동차는 여러 가지 이유로 우리에게 큰 도움이 될 수 있답니다. 먼저, 자율주행 자동차는 사람보다 더 빠르고 정확하게 반응할 수 있어요. 도로에 있는 다른 자동차, 보행자, 자전거 등을 인식하고, 위험한 상황에서 즉시 멈추거나 피할 수 있답니다. 이렇게 교통사고를 줄이고 더 안전한 이동을 도와줄 수 있어요. 또, 장시간 운전으로 인한 피로를 해결할 수도 있죠.

하지만 자율주행 자동차가 풀어야 할 숙제들도 있어요. 도로상황이 복잡하거나 예상치 못한 장애물이 발생했을 때의 대처가 아직 완벽하지 않아요. 아울러 해킹과 같은 사이버 공격에 대한 우려도 있답니다. 그래서 이를 해결할 관련 기술이 더 발전해야 안전하게 사용할 수 있어요.

테슬라의 로보택시와 같은 자율주행 자동차는 우리에게 더 안전하고 편리한 미래를 가져다줄 수 있는 멋진 기술이에요. 하지만 아직 해결해야 할 문제들도 많답니다. 앞으로 자율주행 기술이 더 발전해서 우리 모두가 안전하게 이용할 수 있는 날이 오기를 기대해요.

▲ 테슬라가 공개한 사이버캡

 꿀벌로 지식 모으기

자율주행시스템의 종류
- 부분 자율주행시스템 : 지정된 조건에서 자동차를 운행하되 작동 한계상황 등 필요한 경우 운전자의 개입을 요구하는 자율주행시스템
- 조건부 완전자율주행시스템 : 지정된 조건에서 운전자의 개입 없이 자동차를 운행하는 자율주행시스템
- 완전 자율주행시스템 : 모든 영역에서 운전자의 개입 없이 자동차를 운행하는 자율주행시스템

어휘 한 스푼

- **주행** : 주로 동력으로 움직이는 자동차나 열차 따위가 달림
- **보행자** : 걸어서 길거리를 왕래하는 사람
- **대처** : 어떤 사건에 대하여 알맞은 조치를 취함
- **해킹** : 다른 사람의 컴퓨터 시스템에 무단으로 침입하여 데이터와 프로그램을 없애거나 망치는 일

어휘를 꿀떡

단어와 한자 뜻, 단어의 뜻을 써보세요.

| 대 처 | 對 (대할 대) | 處 (곳 처) | 어떤 사건에 대하여 알맞은 조치를 취함 |

1 유의어
- **조치** : 벌어지는 사태를 잘 살펴서 필요한 대책을 세워 행함
- **대응** : 어떤 일이나 사태에 맞추어 태도나 행동을 취함

2 기사에서는 '대처'가 어떻게 쓰여 있는지 '대처'가 들어간 문장을 찾아 써보세요.

3 위 단어를 넣어 한 문장 만들기를 해보세요.

기사 꿀단지 열기

기사 내용에 대한 O, X 퀴즈를 풀어보세요.

1 테슬라가 '사이버캡'이라는 로보택시를 공개했다.

2 자율주행 자동차는 센서와 카메라를 사용해 운전한다.

3 자율주행 자동차는 예상치 못한 장애물에 대한 대처가 빠르다.

3-2-1 꿀뜨개

기사 내용에 대해 더 생각해봐요.

1 기사에서 중요하다고 생각되는 단어 **3가지**를 써보세요.

2 기사 내용 중 새롭게 알았거나 중요하다고 생각되는 것 **2가지**를 써보세요.

3 기사 내용을 별점으로 나타내어 보고, 나의 소감도 **1문장**으로 써보세요.

월   일   요일

별점: ☆ ☆ ☆

소감:

별점기준
★★★ 추천해요.
★★☆ 재미있어요.
★☆☆ 읽어볼 만해요.
☆☆☆ 흥미가 없어요.

비교하기

일반 자동차와 자율주행 자동차는 같은 점도 있고 다른 점도 있어요. 기사를 읽고 다음 벤다이어그램의 두 원이 겹치는 부분에는 일반 자동차와 자율주행 자동차의 같은 점을 쓰고, 겹치지 않는 부분에는 다른 점을 써보세요.

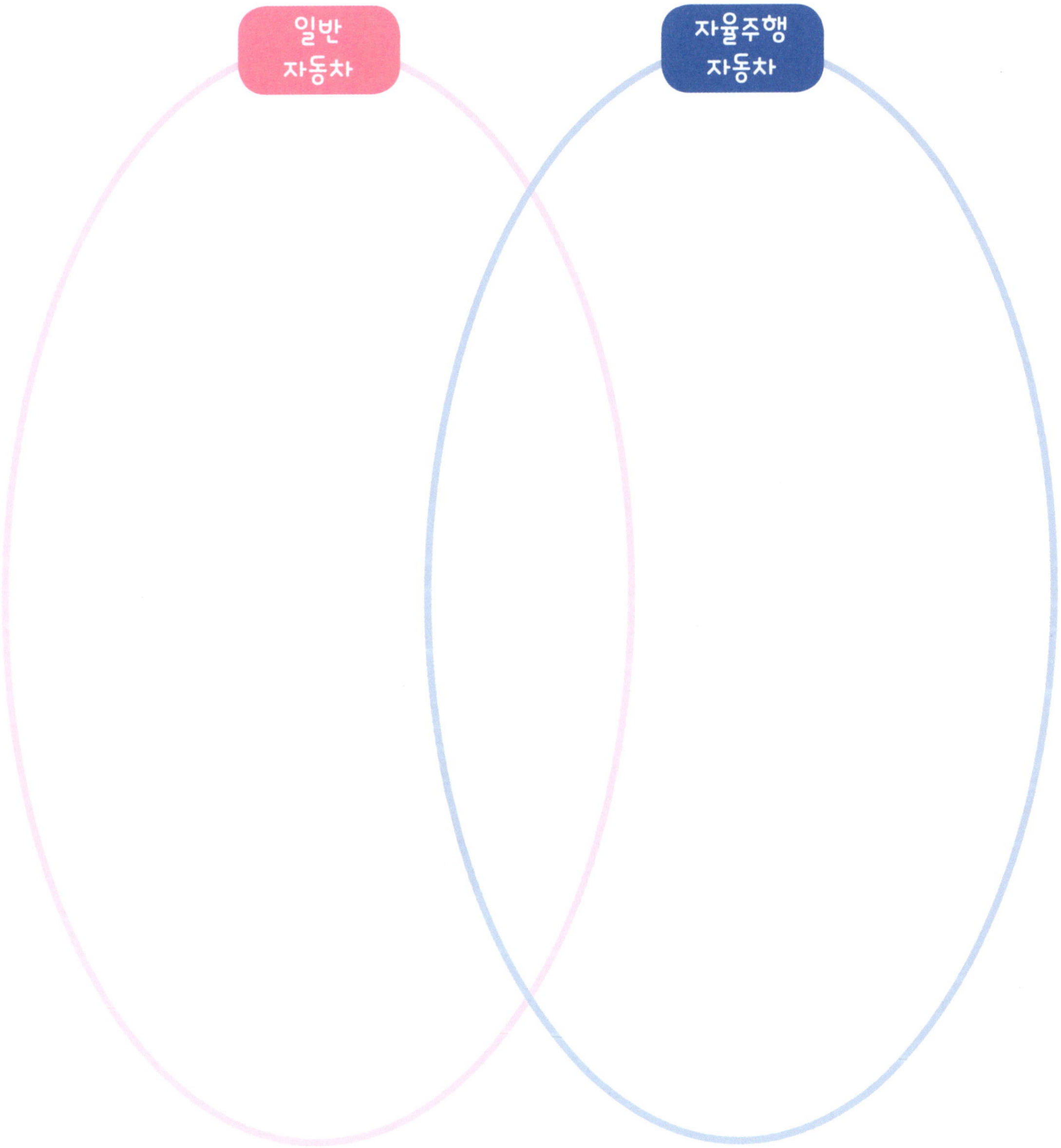

일반
자동차

자율주행
자동차

 기사 꿀단지

월 일 요일

미래의 에너지원, 재생에너지

국제에너지기구(IEA)의 보고서에 따르면, 2030년까지 재생에너지가 전 세계 전력 수요의 약 50%를 차지할 것으로 예상된다고 합니다. 현재 재생에너지의 성장을 이끌고 있는 나라에는 중국과 인도가 있어요. 중국은 2030년까지 전 세계 재생에너지 용량의 60%를 차지할 것으로 보이고요. 인도도 세계에서 가장 빠른 속도로 재생에너지를 늘리고 있죠.

재생에너지는 태양, 바람, 물 등 자연에서 얻을 수 있는 에너지를 말해요. 이 에너지는 고갈되지 않고 계속 사용할 수 있어서 아주 특별해요. 우리가 흔히 알고 있는 재생에너지의 종류로는 태양광, 풍력, 수력 등이 있어요. 태양광은 태양의 빛을 이용해 전기를 만들고, 풍력은 바람의 힘으로 전기를 만들어내요. 수력은 물의 흐름을 이용해 전기를 생산하는 방법이에요.

재생에너지에는 여러 장점이 있어요. 그중에 하나는 환경보호에 큰 도움이 된다는 것이에요. 재생에너지를 사용하면 지구온난화의 주범으로 지목되는 온실가스를 줄일 수 있죠. 또 재생에너지를 사용하는 것이 석유나 석탄 같은 전통적인 에너지원을 쓰는 비용보다 더 저렴할 수 있어요. 그래서 현재 많은 나라에서는 새로운 발전소를 지을 때 재생에너지 발전을 선택하고 있어요.

재생에너지는 우리의 미래를 밝히는 중요한 에너지원이에요. 태양과 바람을 이용해 전기를 만들면, 환경을 보호하고 경제적으로도 이득을 볼 수 있어요. 재생에너지는 우리의 미래를 위해 꼭 필요하며, 앞으로 더 많은 관심과 사용하려는 노력이 필요합니다.

▲ 대표적인 재생에너지인 태양광 발전의 패널

 꿀벌로 지식 모으기

재생에너지와 신에너지

재생에너지는 '재생 가능한 에너지를 변환시켜 이용하는 에너지'로서 태양, 풍력, 지열, 바이오 등이 있다. 한편 '신에너지'라는 것도 있는데, '화석연료를 변환시켜 이용하거나 수소, 산소 등의 화학반응을 통해 전기, 열을 이용하는 에너지'를 말한다. 여기에는 수소와 연료전지, 석탄을 액체로 만들거나 가스로 만들어 활용하는 에너지가 속한다. 재생에너지와 신에너지를 합쳐 '신재생에너지'라고 부르고, 다른 말로는 '대체에너지'라고도 한다.

어휘 한 스푼

- **고갈** : 어떤 일의 바탕이 되는 돈이나 물자, 소재, 인력 따위가 다하여 없어짐
- **지구온난화** : 지구의 기온이 높아지는 현상
- **주범** : 어떤 일에 대하여 좋지 아니한 결과를 만드는 주된 원인
- **이득** : 이익을 얻음

어휘를 꿀떡

단어와 한자 뜻, 단어의 뜻을 써보세요.

| 이 득 | 利
 이로울 리(이) | 得
 얻을 득 | 이익을 얻음 |

1 유의어
- **수익** : 이익을 거두어들임. 또는 그 이익
- **소득** : 일한 결과로 얻은 정신적·물질적 이익

2 기사에서는 '이득'이 어떻게 쓰여 있는지 '이득'이 들어간 문장을 찾아 써보세요.

3 위 단어를 넣어 한 문장 만들기를 해보세요.

과학 **139**

기사 꿀단지 열기

기사 내용에 대한 O, X 퀴즈를 풀어보세요.

1. 2030년까지 재생에너지가 전 세계 전력수요의 약 20%를 차지할 것으로 예상된다.
2. 2030년 중국은 전 세계 재생에너지 발전용량의 90%를 차지할 것으로 보인다.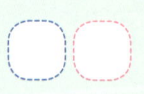
3. 재생에너지를 사용하면 온실가스 배출을 줄일 수 있다.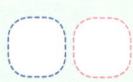

3-2-1 꿀뜨개

기사 내용에 대해 더 생각해봐요.

1. 기사에서 중요하다고 생각되는 단어 **3가지**를 써보세요.

2. 기사 내용 중 새롭게 알았거나 중요하다고 생각되는 것 **2가지**를 써보세요.

3. 기사 내용을 별점으로 나타내어 보고, 나의 소감도 **1문장**으로 써보세요.

월   일   요일

별점 : ☆ ☆ ☆

소감 :

별점기준
★★★ 추천해요.
★★☆ 재미있어요.
★☆☆ 읽어볼 만해요.
☆☆☆ 흥미가 없어요.

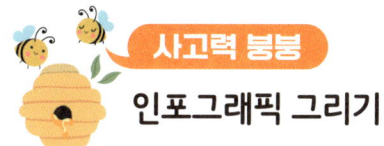

인포그래픽 그리기

인포그래픽은 정보를 시각적으로 전달하는 그래픽을 의미합니다. 인포그래픽을 활용하여 재생에너지 표를 작성해 보세요. 기사에서 재생에너지에 대한 설명을 확인한 후, 해당 재생에너지에 맞춰 표를 작성해보세요(예시를 참고하세요).

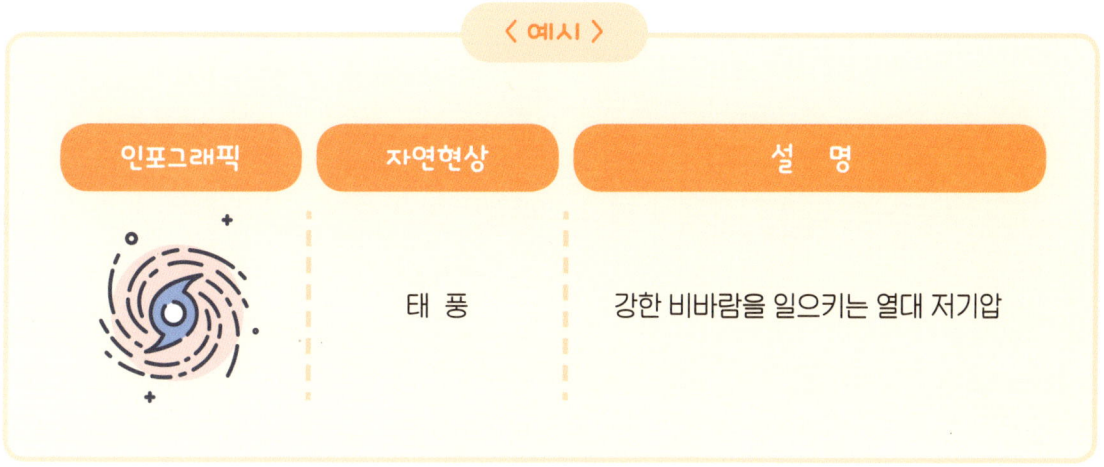

〈 재생에너지 표 〉

인포그래픽	재생에너지	설 명
	태 양 광	
	풍 력	
	수 력	

 **기사 꿀단지**

월   일   요일

벼락이 떨어졌다! 안전하게 대피해요

2024년 11월 3일 페루 완카요에서 열린 축구경기 중 벼락이 떨어져 사상자가 발생하는 안타까운 사건이 일어났어요. 전반전에 뇌우로 경기가 중단됐는데, 선수들이 라커룸으로 이동하던 중 벼락이 떨어졌어요. 벼락을 맞은 한 선수는 그 자리에서 숨지고 주변에 있던 선수들은 동시에 쓰러졌어요. 사고 당시 날씨가 경기 내내 좋지 않았고, 경기장에는 물웅덩이가 고여 있었어요. 이러한 기상조건이 벼락사고를 유발한 것으로 보여요.

벼락은 구름과 땅 사이에서 발생하는 전기 방전 현상이에요. 구름 안에는 작은 물방울과 얼음 알갱이가 있는데, 이들이 서로 부딪히면서 전기를 만들어 낸답니다. 구름의 위쪽은 양전하, 아래쪽은 음전하를 띠게 되며, 이 두 부분의 전하 차이가 커지면 전기가 방전되어 번개가 생겨요. 벼락은 구름에서 지면으로 떨어지는 번개를 의미하죠. 벼락의 온도는 섭씨 27,000도에 달하기도 하며, 이는 태양 표면의 온도보다도 높답니다.

그래서 벼락이 칠 것 같은 상황에서는 즉시 안전한 장소로 이동해야 해요. 야외에 있을 때 벼락이 발생했다면 빗물이 고인 웅덩이 주변은 피하고 '30-30' 안전규칙을 지켜야 해요. '30-30' 안전규칙은 벼락이 치고 30초 이내에 천둥소리가 들리면 즉시 안전한 곳으로 대피해야 하고, 마지막 천둥소리가 난 후 최소 30분이 지나야 안전하다고 판단하는 규칙이에요. 이러한 수칙을 잘 지키면 벼락으로 인한 위험을 최소화할 수 있어요.

 **꿀벌로 지식 모으기**

'벼락'에 대한 관용어 표현
- 마른하늘에 날벼락 : 뜻하지 아니한 상황에서 뜻밖에 당하는 재난을 가리킬 때 쓰는 속담이다.
- 죄 지은 놈 옆에 있다가 벼락 맞는다 : 나쁜 일을 한 사람과 함께 있다가 죄 없는 사람까지 누명을 쓴다는 말로, 못된 사람과 사귀면 좋지 않은 일을 당할 수 있다는 뜻이다.
- 벼락치듯 : ① 아주 빠르게 ② 갑자기 아주 요란한 소리로

어휘 한 스푼

- **뇌우** : 천둥과 번개를 동반한 비
- **유발** : 어떤 것이 다른 일을 일어나게 함
- **방전** : 기체 따위의 절연체(전기가 통하지 않는 물질)를 사이에 낀 두 전극 사이에 높은 전압을 가하였을 때, 전류가 흐르는 현상(번개 방전, 불꽃 방전)
- **전하** : 물체가 띠고 있는 정전기의 양

어휘를 꿀떡

단어와 한자 뜻, 단어의 뜻을 써보세요.

| 유 발 | 誘 (꾈 유) | 發 (필 발) | 어떤 것이 다른 일을 일어나게 함 |

1 유의어
- **야기** : 일이나 사건 따위를 끌어 일으킴
- **초래** : 일의 결과로서 어떤 현상을 생겨나게 함

2 기사에서는 '유발'이 어떻게 쓰여 있는지 '유발'이 들어간 문장을 찾아 써보세요.

3 위 단어를 넣어 한 문장 만들기를 해보세요.

기사 꿀단지 열기
기사 내용에 대한 O, X 퀴즈를 풀어보세요.

1. 벼락으로 인해 페루의 야구선수들이 다치는 사고가 있었다.
2. 벼락은 구름과 땅 사이에서 발생하는 전기 방전현상이다.
3. 벼락이 치는 상황에서는 물웅덩이 주변에 있으면 안 된다.

3-2-1 꿀뜨개
기사 내용에 대해 더 생각해봐요.

1. 기사에서 중요하다고 생각되는 단어 **3가지**를 써보세요.

2. 기사 내용 중 새롭게 알았거나 중요하다고 생각되는 것 **2가지**를 써보세요.

3. 기사 내용을 별점으로 나타내어 보고, 나의 소감도 **1문장**으로 써보세요.

월   일   요일

별점 : ☆☆☆
소감 :

별점기준
★★★ 추천해요.
★★☆ 재미있어요.
★☆☆ 읽어볼 만해요.
☆☆☆ 흥미가 없어요.

LCI 쓰기

앞 기사를 읽고 벼락에 관해 L(Learn)-알게 된 것, C(Curious)-궁금한 것, I(Impressions)-느낀 것을 써보세요.

 기사 꿀단지

월   일   요일

소금으로 전기를 저장한다?

2024년 6월, 경기도 화성시의 일차전지 공장에서 대규모 화재가 일어나 큰 인명 피해가 발생했어요. 화재 진압이 쉽지 않아 재점화의 가능성이 컸고, 유독가스도 발생해 매우 위험한 상황이었답니다. 이 공장에서 생산하는 리튬이온전지는 높은 에너지 밀도와 긴 수명 덕분에 전자기기에 널리 사용되지만, 내부 온도상승에 취약한 특성을 가지고 있어요. 그래서 이를 극복하기 위한 전지 개발이 여러 방면으로 이루어지고 있어요.

최근 한국전기연구원의 연구팀은 소금의 성분인 나트륨으로 만든 전지를 개발했어요. 이 나트륨이온전지는 우리가 흔히 사용하는 리튬이온전지와 비슷하지만, 나트륨이라는 물질을 사용해 전기를 저장하고 사용할 수 있어요. 나트륨은 바다에 녹아 있는 소금에서 찾을 수 있죠. 그래서 만들기 쉽고 제작비용도 리튬보다 훨씬 저렴하답니다. 또 리튬이온전지보다 열에 덜 민감해요. 그래서 폭발 위험이 적어, 더 안전하게 사용할 수 있어요. 아울러 고속 충전과 방전에 유리하고, 낮은 온도에서도 성능이 유지된다는 장점이 있죠.

나트륨이온전지를 만들려면 그 재료를 1,000℃가 넘는 뜨거운 곳에서 오랜 시간 끓이는 과정이 필요해요. 하지만 연구팀은 30초 만에 나트륨이온전지의 핵심재료를 1,400℃까지 끓게 만드는 기술을 개발했어요. 마이크로파를 이용해 빠르고 정확하게 데우는 방식으로, 전자레인지에서 음식을 몇 초 만에 뜨겁게 만드는 원리와 비슷하답니다. 이 나트륨이온전지는 앞으로 전기자동차, 컴퓨터 등 다양한 분야에서 사용될 예정이랍니다.

 꿀벌로 지식 모으기

리튬전지

리튬전지는 리튬이나 리튬 혼합물을 전지의 양극(N극, S극)으로 사용하는 일차전지를 말한다. 리튬은 금속원소 가운데 가장 가볍고 전압을 발생시키는 효율이 좋아 현재까지 애용되고 있다. 이차전지인 리튬이온전지와 달리 재충전이나 재사용이 불가능하다. 소형의 리튬전지는 손목시계, 전자온도계, 계산기, 컴퓨터의 메인보드, 통신장비, 자동차 리모컨 등에 널리 사용되고 있다.

어휘 한 스푼

- **진압** : 강압적인 힘으로 억눌러 진정시킴
- **재점화** : 다시 불을 붙이거나 켬
- **전지** : 화학반응, 방사선, 온도차, 빛 따위로 전극 사이에 전기에너지를 발생시키는 장치
- **수명** : ① 생물이 살아있는 연한 ② 사물 따위가 사용에 견디는 기간

어휘를 꿀떡

단어와 한자 뜻, 단어의 뜻을 써보세요.

| 진압 |  진압할 진 |  누를 압 | 강압적인 힘으로 억눌러 진정시킴 |

1 유의어
- **평정** : 반란이나 소요를 누르고 평온하게 진정함
- **진정** : 몹시 소란스럽고 어지러운 일을 가라앉힘

2 기사에서는 '진압'이 어떻게 쓰여 있는지 '진압'이 들어간 문장을 찾아 써보세요.

3 위 단어를 넣어 한 문장 만들기를 해보세요.

기사 꿀단지 열기

기사 내용에 대한 O, X 퀴즈를 풀어보세요.

1. 리튬이온전지는 높은 에너지 밀도와 긴 수명 덕분에 전자기기에 많이 사용되고 있다.
2. 나트륨이온전지는 전기를 저장하고 사용하는 장치이다.
3. 나트륨이온전지는 리튬이온전지보다 제작비용이 비싸다.

3-2-1 꿀뜨개

기사 내용에 대해 더 생각해봐요.

1 기사에서 중요하다고 생각되는 단어 **3가지**를 써보세요.

2 기사 내용 중 새롭게 알았거나 중요하다고 생각되는 것 **2가지**를 써보세요.

3 기사 내용을 별점으로 나타내어 보고, 나의 소감도 **1문장**으로 써보세요.

월 일 요일

별점 : ☆☆☆

소감 :

별점기준
★★★ 추천해요.
★★☆ 재미있어요.
★☆☆ 읽어볼 만해요.
☆☆☆ 흥미가 없어요.

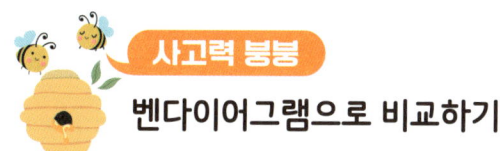

벤다이어그램으로 비교하기

리튬이온전지와 나트륨이온전지는 같은 점도 있고 다른 점도 있어요. 기사를 읽고 다음 벤다이어그램의 두 원이 겹치는 부분에는 리튬이온전지와 나트륨이온전지의 같은 점을, 겹치지 않는 부분에는 다른 점을 써보세요.

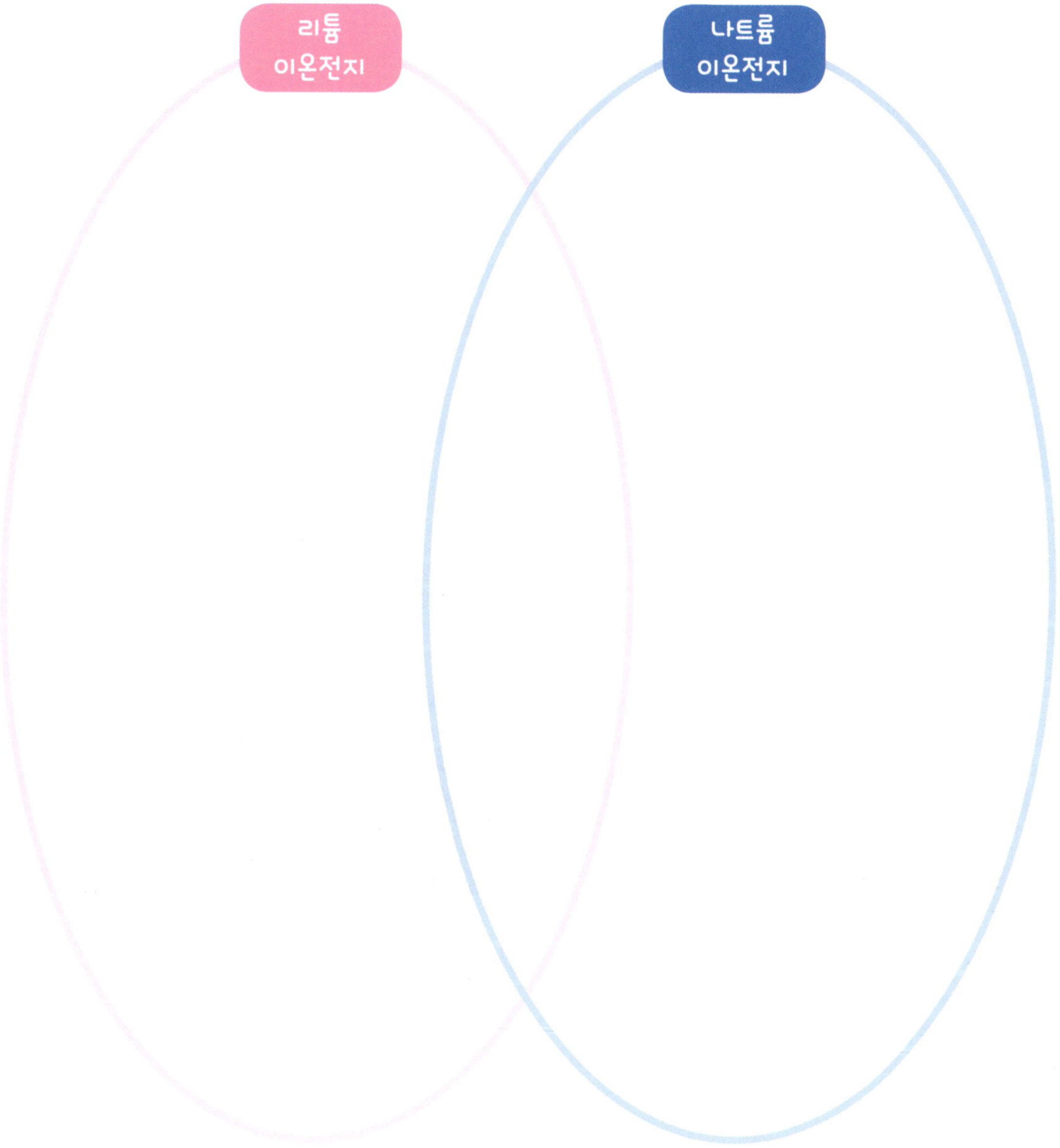

리튬이온전지

나트륨이온전지

 기사 꿀단지

월   일   요일

스페이스X의 스타십, 수직 착륙 성공

2024년 10월 13일, 일론 머스크가 이끄는 '스페이스X'가 개발한 대형 우주선 '스타십(Starship)'의 다섯 번째 지구궤도 시험비행이 진행되었어요. 스타십 발사 약 3분 후, 스타십의 아랫부분인 1단계 로켓 '슈퍼 헤비'가 상단 우주선에서 순조롭게 분리되었답니다. 그리고 약 7분 후, 슈퍼 헤비가 발사대로 돌아와 발사탑에 수직 착륙하는 데 성공했어요. 이 과정에서 '젓가락 팔'이라고 불리는 대형 로봇팔이 하강하는 로켓을 공중에서 잡는 장면이 시선을 끌었답니다. 이 로봇팔은 영화 속 괴물 '고질라'에서 이름을 따서 '메카질라'라고도 불린답니다.

스타십은 고도 210km에서 시속 약 26,234km로 비행한 후, 인도양에 착륙하며 약 75분간의 여정을 마쳤어요. 비록 착륙 후 폭발하긴 했지만, 머스크는 "우주선이 정확히 목표지점에 착륙했다"며 두 번째 목표가 달성되었다고 밝혔답니다.

스페이스X는 화성을 개척해 인류가 이주할 수 있는 미래를 꿈꾸며 스타십을 개발해 왔어요. 스타십의 시험비행은 우주비행사가 탑승하지 않은 무인 비행으로 진행되었고, 이전에도 여러 차례 시험비행을 시도했지만 완전히 성공하지는 못했어요. 하지만 이번 시험비행은 새로운 기술을 성공적으로 보여줬다는 점에서 큰 의미가 있답니다. 이번 시험비행은 스페이스X가 인류가 화성에 거주할 수 있는 시대를 열기 위한 중요한 발걸음으로 평가되고 있어요. 이러한 기술적 진보는 앞으로의 우주탐사에 큰 영향을 미칠 것으로 기대되고 있어요.

▲ 발사대로 되돌아 와 수직 착륙하는 슈퍼 헤비

 꿀벌로 지식 모으기

스페이스X
2002년 5월 6일 '페이팔'과 '테슬라'의 창업자인 일론 머스크가 설립한 미국의 우주탐사 기업이다. 발사체, 우주선, 소형 인공위성 등을 제조·개발해 우주탐사와 우주관광, 위성 인터넷 등의 사업을 펼치고 있다. 스페이스X의 궁극적인 목표는 화성을 탐사하고 개발해 인류가 이주할 수 있는 환경을 이룩하는 것이다. 스페이스X는 NASA의 달 유인탐사 계획인 '아르테미스 프로젝트'에서도 달착륙선 개발·발사 작업에 참여하고 있다.

어휘 한 스푼

- 지구궤도 : 지구가 태양의 둘레를 도는 타원형의 길
- 하강 : 높은 곳에서 아래로 향하여 내려옴
- 여정 : 여행의 과정이나 일정
- 무인 : 사람이 없음

어휘를 꿀떡

단어와 한자 뜻, 단어의 뜻을 써보세요.

| 하 강 | 下 (아래 하) | 降 (내릴 강) | 높은 곳에서 아래로 향하여 내려옴 |

1 유의어
- 강하 : 높은 곳에서 아래로 향하여 내려옴
- 낙하 : 높은 데서 낮은 데로 떨어짐

2 기사에서는 '하강'이 어떻게 쓰여 있는지 '하강'이 들어간 문장을 찾아 써보세요.

3 위 단어를 넣어 한 문장 만들기를 해보세요.

과학 **151**

 **기사 꿀단지 열기**

기사 내용에 대한 O, X 퀴즈를 풀어보세요.

1 스페이스X가 개발한 대형 우주선의 이름은 '스타트'이다.

2 로켓인 슈퍼 헤비는 지구로 돌아와 발사대에 수직 착륙하였다.

3 스페이스X는 목성에 거주할 수 있는 미래를 목표로 하고 있다.

 **3-2-1 꿀뜨개**

기사 내용에 대해 더 생각해봐요.

1 기사에서 중요하다고 생각되는 단어 **3가지**를 써보세요.

2 기사 내용 중 새롭게 알았거나 중요하다고 생각되는 것 **2가지**를 써보세요.

3 기사 내용을 별점으로 나타내어 보고, 나의 소감도 **1문장**으로 써보세요.

월 일 요일

별점 : ★★★☆

소감 :

별점기준
★★★ 추천해요.
★★☆ 재미있어요.
★☆☆ 읽어볼 만해요.
☆☆☆ 흥미가 없어요.

사고력 붕붕

버블맵 그리기

기사를 읽고 '스타십'을 중심으로 한 버블맵을 그려보세요. 버블맵은 아이디어나 정보를 시각적으로 정리하는 유용한 도구입니다. 간단히 말해, 생각이나 주제를 풍선처럼 둥근 형태로 그려서 서로 연결하는 방식입니다.

버블맵 그리는 방법

❶ **중심주제 정하기** : 먼저 가장 중요한 주제를 가운데에 적어요.

❷ **관련 아이디어 추가하기** : 주제와 관련된 다른 아이디어나 정보를 동그란 모양으로 그려서 중심주제 주위에 배치해요.

❸ **연결선 그리기** : 각 동그라미를 중심주제와 선으로 연결해요. 이렇게 하면 어떤 아이디어가 중심주제와 관련이 있는지 쉽게 볼 수 있어요.

❹ **더 많은 세부사항 추가하기** : 각 동그라미에 더 많은 정보를 추가할 수도 있어요.

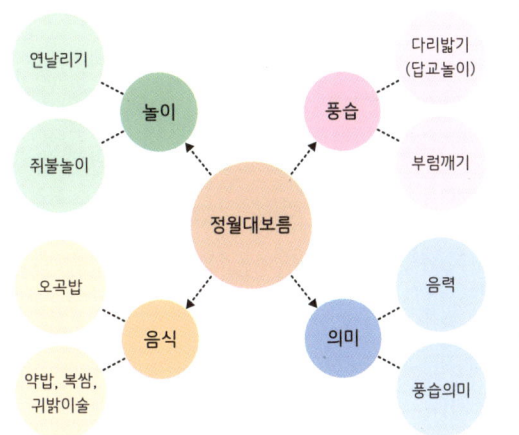

 기사 꿀단지

월   일   요일

제주도의 특별한 아나운서

"안녕하세요. 제주특별자치도 AI 아나운서 제이나입니다."

제주도청에 특별한 아나운서가 입사했어요. 이름은 제이나이며, 제주도청의 소식을 전하기 위해 만들어진 '버추얼 휴먼' 아나운서랍니다. 제이나(J-NA)라는 이름은 Jeju News AI(제주뉴스 AI)의 알파벳 각 단어의 앞 글자를 따서 만들었어요. 제이나는 제주도청의 다양한 소식을 전하는 데 사용되고 있어요. 또한 제주 돌담 홍보 뮤직비디오에 출연하여 제주도의 아름다움을 알리는 데 도움을 주고 있답니다.

제주도청에서는 AI 아나운서가 언제든지 정보를 전달할 수 있다고 했어요. 또한, 실제 아나운서를 고용하는 것보다 비용이 적게 들어 예산을 절약해 영상뉴스를 제작할 수 있게 되었다고 전했어요. 이처럼 버추얼 휴먼은 실제 사람을 고용하는 것보다 비용이 적게 들고, 24시간 운영이 가능해 언제든지 사용자와 상호작용할 수 있어 편리하답니다.

버추얼 휴먼은 여러 분야에서 다양하게 활동하고 있어요. 특히 교육, 엔터테인먼트, 마케팅 분야에서 두각을 나타내고 있죠. 최근 등장한 버추얼 휴먼 아이돌그룹 '플레이브'는 현재 K-팝시장에서 실제 남자 아이돌그룹 못지않은 인기를 얻고 있어요.

앞으로 버추얼 휴먼의 미래는 기술발전과 사회적 요구에 따라 계속 변화할 것이라고 해요. 사람들의 삶을 더욱 편리하고 풍요롭게 만들어줄 수 있는 가능성이 크기 때문이죠. 하지만 그에 따른 윤리적 문제와 사회적 변화도 함께 고려해야 합니다.

▲ 버추얼 휴먼 아나운서 제이나

 꿀벌로 지식 모으기

버추얼 휴먼

인공지능 기술을 활용하여 인간의 모습과 행동을 재현하는 가상의 인간으로 가상인간, AI 휴먼, 디지털 휴먼 등으로도 불린다. 가상인간의 외모는 3D 모델링을 통해 만들어진다. 얼굴과 신체의 겉면과 골격부터 근육, 피부까지 섬세하고 조직적으로 만들어낸다. 또한 실제 사람의 몸동작과 표정을 캡처하고 반영해서 자연스럽게 동작하도록 한다. 이들 버추얼 휴먼은 여러 분야에서 마케팅 대행과 광고모델, 인플루언서로서 주로 활약하고 있다.

어휘 한 스푼

- 아나운서 : 뉴스 보도, 사회, 실황 중계의 방송을 맡아 하는 사람
- 고용 : 삯을 주고 사람을 부림
- 예산 : 필요한 비용을 미리 헤아려 계산함
- 상호작용 : 사람이 주어진 환경에서 다른 사람이나 사물과 서로 관계를 맺는 모든 과정과 방식

어휘를 꿀떡

단어와 한자 뜻, 단어의 뜻을 써보세요.

| 고용 | 雇 품팔고 | 用 쓸용 | 삯을 주고 사람을 부림 |

1 유의어
- 채용 : 사람을 골라서 씀
- 기용 : 인재를 높은 자리에 올려 씀

2 기사에서는 '고용'이 어떻게 쓰여 있는지 '고용'이 들어간 문장을 찾아 써보세요.

3 위 단어를 넣어 한 문장 만들기를 해보세요.

기사 꿀단지 열기
기사 내용에 대한 O, X 퀴즈를 풀어보세요.

1. 제주도청에는 AI 아나운서가 있다.
2. 제주도의 버추얼 휴먼 아나운서의 이름은 레이나이다.
3. 버추얼 휴먼의 장점은 실제 사람을 고용하는 것보다 비용이 적게 든다는 점이다.

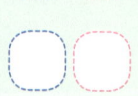

3-2-1 꿀뜨개
기사 내용에 대해 더 생각해봐요.

1. 기사에서 중요하다고 생각되는 단어 **3가지**를 써보세요.

2. 기사 내용 중 새롭게 알았거나 중요하다고 생각되는 것 **2가지**를 써보세요.

3. 기사 내용을 별점으로 나타내어 보고, 나의 소감도 **1문장**으로 써보세요.

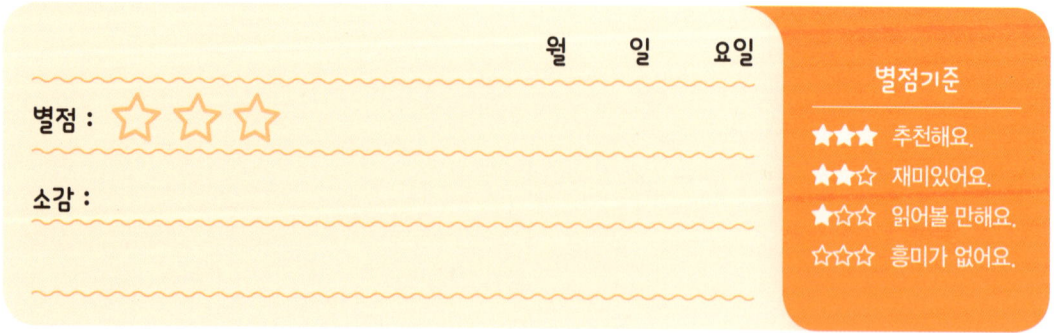

사고력 붕붕

우리지역 버추얼 휴먼 만들기

내가 살고 있는 지역의 버추얼 휴먼을 만들어 보세요. 버추얼 휴먼은 나의 지역을 대표하는 가상의 캐릭터로, 지역의 지방자치단체가 공식적으로 운영하는 유튜브 채널이나 광고 등에 나올 수 있어요. 우리지역 버추얼 휴먼의 생김새를 그려보고, 지역의 문화, 역사, 특산물 등을 어떻게 소개할 것인지 상상해 써보세요. 그리고 버추얼 휴먼의 이름도 의미 있게 지어보세요.

버추얼 휴먼 그리기

이 름 :

성 별 :

나 이 :

소 속 :

이름의 의미 :

역 할 :

특징 또는 성격 :

 기사 꿀단지

월   일   요일

초록색의 '추풍낙엽', 계절을 착각한 나무

"가을 단풍의 절정을 보기도 전에 초록색 추풍낙엽이 나뭇가지에서 떨어져, 이상기후를 실감하게 했다."

2024년 11월 5일 전주기상지청에 따르면 단풍나무의 절정이 아직 관찰되지도 않았는데, 큰 일교차로 인해 단풍의 색깔이 변하기도 전에 잎이 떨어지고 있다고 했어요.

가을이 되면 나무는 겨울철을 대비해 영양소를 뿌리로 이동시키기 시작해요. 이 과정에서 잎과 줄기 사이에 떨켜(부착층)가 형성된답니다. 떨켜는 잎이 줄기에서 떨어지게 하는 역할을 해요. 겨울이 여름에 비해 낮의 길이가 짧고 강수량도 적어 영양분이 부족해지죠. 그래서 나무는 영양분이 잎에 도달하는 것을 막아 남은 영양분으로 겨울을 보내요. 이 과정에서 나뭇잎의 녹색색소인 '엽록소'가 파괴되죠. 엽록소가 파괴되면 잎은 노란색이나 붉은색을 띠게 되고, 이는 나뭇잎의 색깔이 가을철에 바뀌는 이유이기도 합니다. 이렇게 나무는 낮의 길이와 기온변화, 강수량 등 환경적 요인에 많은 영향을 받아요.

하지만 최근 색깔이 변하기도 전에 초록 잎이 떨어지는 이유는 이상기후 때문이에요. 가을인데도 날씨가 너무 따뜻해 나무가 계절을 착각하고 엽록소를 다 파괴하지 못한 채 생존을 위해 나뭇잎을 떨어뜨린 것이죠.

정수종 서울대학교 기후대학원 교수는 "식물들은 기후변화에 정직하게 반응한다. 단풍잎이 물들지 않는 것은 아열대 기후에서 발생하는 현상이고, 이 상태가 지속되면 단풍나무들은 점점 사라질 것이다"고 말했어요.

 꿀벌로 지식 모으기

엽록소

엽록소는 식물을 초록색으로 보이게 하는 색소다. '클로로필'이라고도 부른다. 태양의 가시광선에서 붉은색 파장과 파란색 파장만 흡수하고 초록색 파장은 반사한다. 엽록소가 초록빛만 반사하니, 식물은 초록색으로 보인다. 엽록소는 식물의 성장과 생명유지에 필수적인 광합성에 없어서는 안 되는 물질이다. 엽록소는 식물의 색깔을 초록색으로 보이게 함과 동시에, 식물의 광합성을 위한 태양의 복사에너지를 흡수하는 역할을 한다.

어휘 한 스푼

- 추풍낙엽 : ① 가을바람에 떨어지는 나뭇잎 ② 어떤 형세나 세력이 갑자기 기울어지거나 헤어져 흩어지는 모양을 비유적으로 이르는 말
- 일교차 : 기온, 습도, 기압 따위가 하루 동안에 변화하는 차이
- 강수량 : 비, 눈 따위로 일정 기간 동안 일정한 곳에 내린 물의 총량
- 도달 : 목적한 곳이나 수준에 다다름

어휘를 꿀떡

단어와 한자 뜻, 단어의 뜻을 써보세요.

도 달			목적한 곳이나 수준에 다다름
	이를 도	통달할 달	

1 유의어

- 당도 : 어떤 곳에 다다름
- 도착 : 목적한 곳에 다다름

2 기사에서는 '도달'이 어떻게 쓰여 있는지 '도달'이 들어간 문장을 찾아 써보세요.

3 위 단어를 넣어 한 문장 만들기를 해보세요.

과학 **159**

기사 꿀단지 열기

기사 내용에 대한 O, X 퀴즈를 풀어보세요.

1. 2024년 11월 5일, 전주는 가을단풍이 절정에 이르렀다.
2. '떨켜'는 나무가 잎을 줄기에서 떨어지도록 하는 것이다.
3. 나뭇잎의 엽록소가 파괴되면 잎은 초록색이 된다.

3-2-1 꿀뜨개

기사 내용에 대해 더 생각해봐요.

1. 기사에서 중요하다고 생각되는 단어 **3가지**를 써보세요.

2. 기사 내용 중 새롭게 알았거나 중요하다고 생각되는 것 **2가지**를 써보세요.

3. 기사 내용을 별점으로 나타내어 보고, 나의 소감도 **1문장**으로 써보세요.

월   일   요일

별점 : ☆☆☆

소감 :

별점기준
★★★ 추천해요.
★★☆ 재미있어요.
★☆☆ 읽어볼 만해요.
☆☆☆ 흥미가 없어요.

사고력 붕붕
LCI 쓰기

기사를 읽고 이상기후와 단풍에 관해 L(Learn)-알게 된 것, C(Curious)-궁금한 것, I(Impressions)-느낀 것을 써 보세요.

* 라니냐? 어떤 영향을 주나?

* 엘니뇨로 하얗게 질려버린 산호초

* 미래의 먹거리 '식용곤충'

* 새로운 과일 지도, 국내산 망고 등장!

* 스위스 빙하의 눈물

* 젖소도 놀란 덴마크의 방귀세

* 제로웨이스트, 지구를 지키는 멋진 방법!

* 지구의 온도계, 우리가 바로 히어로!

* LA 산불, 기후변화가 가져온 경고

5장

환경

 기사 꿀단지

월　　일　　요일

라니냐? 어떤 영향을 주나?

라니냐(La Niña)는 태평양의 바닷물이 평소보다 차가워지는 현상으로, 지구의 날씨에 큰 영향을 줍니다. 스페인어로 '여자아이'라는 뜻을 가지고 있는 라니냐는 태평양의 적도 지역에서 바닷물이 차가워질 때 발생해요. 엘니뇨(El Niño)의 반대 현상으로, 두 현상은 서로 다른 날씨를 만들어낸답니다.

라니냐가 발생하면 여러 지역에서 다양한 날씨 변화가 일어나요. 최근 뉴스에 따르면 동남아시아와 호주에서는 비가 많이 내릴 수 있다고 합니다. 이로 인해 농작물이 잘 자랄 수 있지만, 한편으론 비가 너무 많이 와서 홍수가 날 위험도 있어요.

반대로, 남미의 일부 지역에서는 가뭄이 심해질 수 있죠. 물이 부족해지면 농사에 악영향을 주고, 주민들의 생활에도 어려움이 생길 수 있답니다.

최근 발생하는 라니냐는 기후변화와도 밀접한 관련이 있어요. 과학자들은 이러한 현상을 이해하고 예측하기 위해 연구를 하고 있으며, 이 연구는 우리의 일상생활과 식량생산을 위한 농업, 나아가 생태계에 미치는 영향을 미리 알아보는 데 아주 중요하답니다.

라니냐는 단순한 기후현상이 아니라, 우리의 생활과 환경에 깊은 영향을 미치는 중요한 자연요소예요. 라니냐에 대해 더 많이 이해하고 기후변화에 대한 경각심을 높인다면, 더 나은 미래를 만들 수 있답니다. 작은 행동이 큰 변화를 이끌 수 있다는 점을 잊지 말아요!

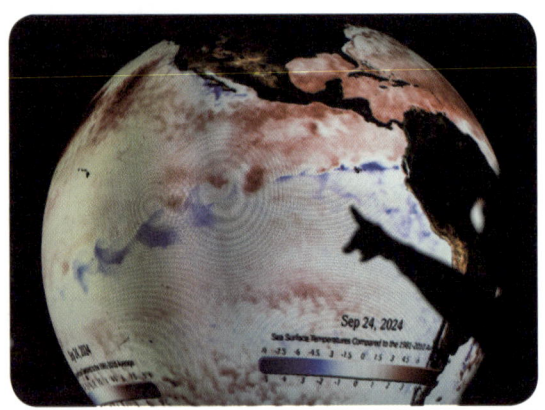
▲ 라니냐에 의한 이상해류 현상을 나타낸 전시물

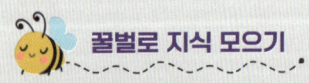 꿀벌로 지식 모으기

라니냐(La Niña)

적도의 무역풍이 강해지면서 평년보다 해수면 온도가 0.5℃ 이상 낮은 상태가 5개월 이상 지속되는 이상해류 현상이다. 라니냐라는 이름은 '여자아이'를 지칭하는 스페인어에서 유래했다. 또 다른 이상해류 현상인 엘니뇨가 발생한 곳과 동일한 지역에서 발생하며 극심한 가뭄과 강추위, 장마 등 각기 다른 현상들이 나타난다. 주로 엘니뇨 이후에 이어서 발생하는 경우가 많다.

어휘 한 스푼

- **적도** : 위도의 기준이 되는 선. 지구의 남북 양극으로부터 같은 거리에 있는 지구 표면에서의 점을 이은 선이다.
- **엘니뇨** : 태평양의 해수온도가 평소보다 높아지는 현상
- **가뭄** : 오랫동안 계속하여 비가 내리지 않아 메마른 날씨
- **경각심** : 정신을 차리고 주의 깊게 살피어 경계하는 마음

어휘를 꿀떡

단어와 한자 뜻, 단어의 뜻을 써보세요.

| 경각심 | 警 경계할 경 | 覺 깨달을 각 | 心 마음 심 | 정신을 차리고 주의 깊게 살피어 경계하는 마음 |

1 유의어
- **각성** : 깨어 정신을 차림
- **경계심** : 경계하여 조심하는 마음

2 기사에서는 '경각심'이 어떻게 쓰여 있는지 '경각심'이 들어간 문장을 찾아 써보세요.

3 위 단어를 넣어 한 문장 만들기를 해보세요.

환경 **165**

기사 꿀단지 열기

기사 내용에 대한 O, X 퀴즈를 풀어보세요.

1 라니냐는 바닷물이 평소보다 뜨거워지는 현상이다.

2 라니냐는 스페인어로 여자아이라는 뜻이다.

3 라니냐 때문에 남미의 일부 지역에서는 가뭄이 심해질 수 있다.

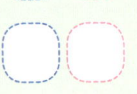

3-2-1 꿀뜨개

기사 내용에 대해 더 생각해봐요.

1 기사에서 중요하다고 생각되는 단어 **3가지**를 써보세요.

2 기사 내용 중 새롭게 알았거나 중요하다고 생각되는 것 **2가지**를 써보세요.

3 기사 내용을 별점으로 나타내어 보고, 나의 소감도 **1문장**으로 써보세요.

월   일   요일

별점 : ☆☆☆

소감 :

별점기준
★★★ 추천해요.
★★☆ 재미있어요.
★☆☆ 읽어볼 만해요.
☆☆☆ 흥미가 없어요.

사고력 붕붕
카드뉴스 만들기

기사에 나온 라니냐의 개념과 그로 인한 날씨변화, 그리고 기후변화에 대한 경각심을 강조하며, 시각적으로 흥미롭게 전달할 수 있는 카드뉴스를 만들어 보세요. 라니냐에 대한 첫 줄 두 개의 카드뉴스를 참고하여, 아래 두 개의 카드뉴스의 내용을 이미지에 알맞게 써보세요.

 기사 꿀단지   월   일   요일

엘니뇨로 하얗게 질려버린 산호초

호주 퀸즐랜드 북동부 해안에서 산호초가 심각한 피해를 입는 현상이 발생하고 있어요. 이 문제는 엘니뇨(El Niño)와 깊은 관련이 있답니다. 엘니뇨는 앞서 알아본 라니냐의 반대 현상이에요. 태평양의 해수온도가 평소보다 높아지는 현상으로, 이로 인해 전 세계의 날씨가 변하게 돼요. 퀸즐랜드 지역에서도 엘니뇨로 인해 바다의 수온이 상승했고, 이는 산호초에 큰 영향을 미쳤어요. 산호초는 해양 생태계에서 중요한 역할을 하는 생물인데, 수온이 너무 높아지면 산호가 스트레스를 받아 백화현상이 발생하게 됩니다.

산호초가 백화되면 원래의 화려한 색깔을 잃고 하얗게 변해요. 이는 산호가 자신을 보호하기 위해 공생하는 조류(藻類)와 분리되기 때문이에요. 백화된 산호초는 생명력이 약해지고, 결국 죽게 되는 경우가 많아요. 이로 인해 산호초에 의존하는 많은 해양생물들이 서식지를 잃게 되고, 나아가 해양생태계 전체가 위협받습니다.

퀸즐랜드에서 발생한 백화현상의 원인은 과학자들에 의해 엘니뇨와 기후변화의 영향으로 확인되었어요. 호주정부와 환경단체들은 이 문제를 해결하기 위해 다양한 대책을 마련하고 있습니다. 예를 들어 해양보호구역을 설정하고, 산호초 복원 프로젝트를 진행하고 있죠. 엘니뇨와 산호초의 백화현상은 우리 모두가 지구를 지키는 데 중요한 메시지를 전해주고 있어요. 앞으로 자연을 소중히 여겨, 함께 지구를 지키는 주인공이 되어 봅시다.

 꿀벌로 지식 모으기

엘니뇨(El Niño)

전 지구적으로 벌어지는 대양-대기 간의 기후현상으로, 해수면 온도가 평년보다 0.5℃ 이상 높은 상태가 5개월 이상 지속되는 이상해류 현상이다. 이 현상이 크리스마스 즈음에 발생하기 때문에 '작은 예수' 혹은 '남자아이'라는 뜻의 엘니뇨라는 이름으로 불리게 되었다. 엘니뇨가 발생하면 바닷물이 따뜻해져 증발량이 많아지고, 이로 인해서 태평양 동부 쪽의 강수량이 증가한다. 엘니뇨가 강할 경우 지역에 따라 대규모의 홍수가 발생하기도 하고, 극심한 건조현상을 겪기도 한다.

어휘 한 스푼

- 백화현상 : 알록달록한 산호초가 하얗게 변해 가는 현상을 말함
- 공생 : 종류가 다른 생물이 같은 곳에서 살며 서로에게 이익을 주며 함께 사는 일
- 조류(藻類) : 물속에 사는 식물·원생생물·세균계의 생물을 말함
- 위협 : 힘으로 으르고 협박함

어휘를 꿀떡

단어와 한자 뜻, 단어의 뜻을 써보세요.

| 공생 | 共 (함께 공) | 生 (날 생) | 종류가 다른 생물이 같은 곳에서 살며 서로에게 이익을 주며 함께 사는 일 |

1 유의어
- 공존 : 서로 도와서 함께 존재함
- 상부상조 : 서로서로 도움

2 기사에서는 '공생'이 어떻게 쓰여 있는지 '공생'이 들어간 문장을 찾아 써보세요.

3 위 단어를 넣어 한 문장 만들기를 해보세요.

기사 꿀단지 열기
기사 내용에 대한 O, X 퀴즈를 풀어보세요.

1. 엘니뇨는 태평양의 해수온도가 평소보다 낮아지는 현상이다.
2. 백화현상은 산호초가 스트레스를 받으면 발생한다.
3. 백화현상은 산호초가 검게 변하는 현상이다.

3-2-1 꿀뜨개
기사 내용에 대해 더 생각해봐요.

1. 기사에서 중요하다고 생각되는 단어 **3가지**를 써보세요.

2. 기사 내용 중 새롭게 알았거나 중요하다고 생각되는 것 **2가지**를 써보세요.

3. 기사 내용을 별점으로 나타내어 보고, 나의 소감도 **1문장**으로 써보세요.

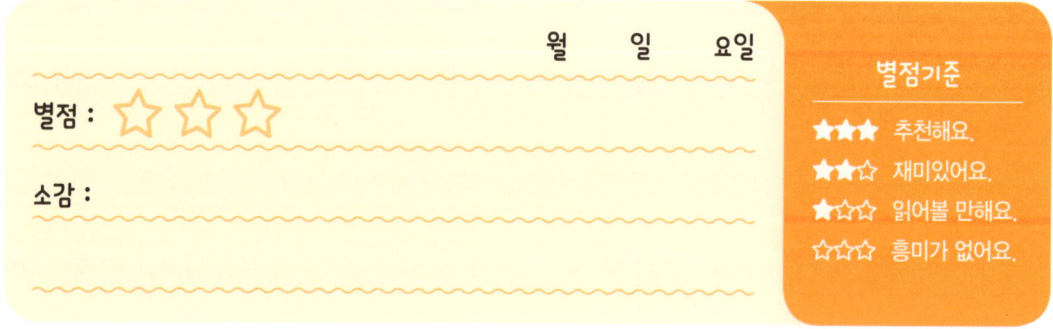

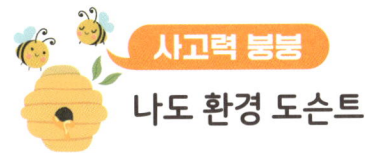

나도 환경 도슨트

도슨트(Docent)는 박물관, 미술관, 자연사 박물관 등에서 관람객에게 전시물이나 자연환경에 대한 설명을 해주는 안내자예요. 도슨트는 관람객이 관람 내용을 더 잘 이해하고 경험할 수 있도록 돕는 역할을 한답니다. 환경 도슨트가 되어, 보기의 사진들에 대해 관람객에게 설명하는 글을 써보세요. 앞의 기사를 참고해서 써보세요.

〈보기〉

 기사 꿀단지

월   일   요일

미래의 먹거리 '식용곤충'

최근 환경을 위한 미래 먹거리로 식용곤충이 주목받고 있어요. 식용곤충은 우리가 흔히 볼 수 있는 곤충들을 안전하게 먹을 수 있도록 개발한 음식으로, 건강과 환경보호 측면에서 많은 장점을 지니고 있어요. 메뚜기, 귀뚜라미, 밀웜 등 다양한 식용곤충은 단백질과 비타민, 미네랄이 풍부해 건강에 아주 좋아요. 특히 단백질 함량이 높아서 육류를 대신하는 훌륭한 단백질 공급원이 될 수 있답니다. '작은 고추가 맵다'는 말처럼, 작지만 영양가가 뛰어난 식용곤충의 가능성을 무시할 수 없어요.

식용곤충은 환경에 미치는 영향이 적어요. 곤충을 기르는 데 필요한 자원이 적고, 온실가스 배출량도 낮아 지속가능한 식량 생산방법으로 각광받고 있답니다. 곤충사육은 다른 가축에 비해 생산비용이 낮고, 필요한 물의 양도 적어요. 또한, 곤충은 상대적으로 적은 면적의 토지에서 기를 수 있어 자원을 효율적으로 사용할 수 있죠. 아울러 식용곤충은 다양한 영양소를 풍부하게 함유하고 있어 건강한 식단에도 큰 도움이 됩니다.

하지만 식용곤충에 아직 많은 사람들이 거부감을 느끼고 있어요. 곤충을 먹는 것이 낯설고, 혐오감을 가질 수 있기 때문에 대중화되기 힘든 측면도 있답니다. 미래의 먹거리로서 많은 가능성을 가지고 있지만, 거부감을 줄이기 위해서는 교육과 홍보가 필요해요. 앞으로 더 많은 사람들이 식용곤충을 경험하고, 건강하며 지속가능한 식습관을 갖게 되기를 기대합니다.

▲ 식용곤충으로 만든 큐브치즈

 꿀벌로 지식 모으기

대체육

동물에게서 얻을 수 있는 고기를 대체하는 식재료. 미래에 단백질 공급이 세계적으로 부족할 것으로 예상돼 대체육 개발·생산이 주목받고 있다. 대체육은 열악한 환경에서 사육되는 가축을 대체한다는 점에서 생명윤리를 실천할 수 있고, 가축 사육과정에서 발생하는 탄소배출을 줄일 수 있어 친환경적이라는 평가를 받는다. 그러나 한편으론 안전성이 완벽히 입증되지 않았고, 고기와 최대한 유사한 맛을 내기 위해 화학조미료가 다량 첨가된다는 주장이 나오기도 했다.

어휘 한 스푼

- **작은 고추가 맵다** : 작은 것일수록 더 강한 힘이나 능력이 있을 수 있다는 속담
- **배출량** : 어떤 물질을 안에서 밖으로 내보내는 양
- **효율** : 들인 노력과 얻은 결과의 비율
- **대중화** : 많은 사람들 사이에 널리 퍼져 친숙해짐

어휘를 꿀떡

단어와 한자 뜻, 단어의 뜻을 써보세요.

  본받을 효    비율 률(율)   들인 노력과 얻은 결과의 비율

1 유의어
- **능률** : 일정한 시간에 할 수 있는 일의 비율
- **효과** : 어떤 목적을 지닌 행위에 의하여 드러나는 보람이나 좋은 결과

2 기사에서는 '효율'이 어떻게 쓰여 있는지 '효율'이 들어간 문장을 찾아 써보세요.

3 위 단어를 넣어 한 문장 만들기를 해보세요.

기사 꿀단지 열기

기사 내용에 대한 O, X 퀴즈를 풀어보세요.

1. 식용곤충은 건강과 환경보호 면에서 비춰볼 때 안전한 음식이 아니다.
2. 식용곤충 사육은 가축 사육에 비해 많은 양의 물이 필요하다.
3. 식용곤충은 단백질 함량이 높다.

3-2-1 꿀뜨개

기사 내용에 대해 더 생각해봐요.

1. 기사에서 중요하다고 생각되는 단어 **3가지**를 써보세요.

2. 기사 내용 중 새롭게 알았거나 중요하다고 생각되는 것 **2가지**를 써보세요.

3. 기사 내용을 별점으로 나타내어 보고, 나의 소감도 **1문장**으로 써보세요.

월   일   요일

별점 : ★★★

소감 :

별점기준
★★★ 추천해요.
★★☆ 재미있어요.
★☆☆ 읽어볼 만해요.
☆☆☆ 흥미가 없어요.

기사 구조화하기

기사의 내용을 구조화해보세요. 각 개미집마다 쓰여 있는 주제를 보고 주제에 맞는 답을 기사에서 찾아 써보세요.

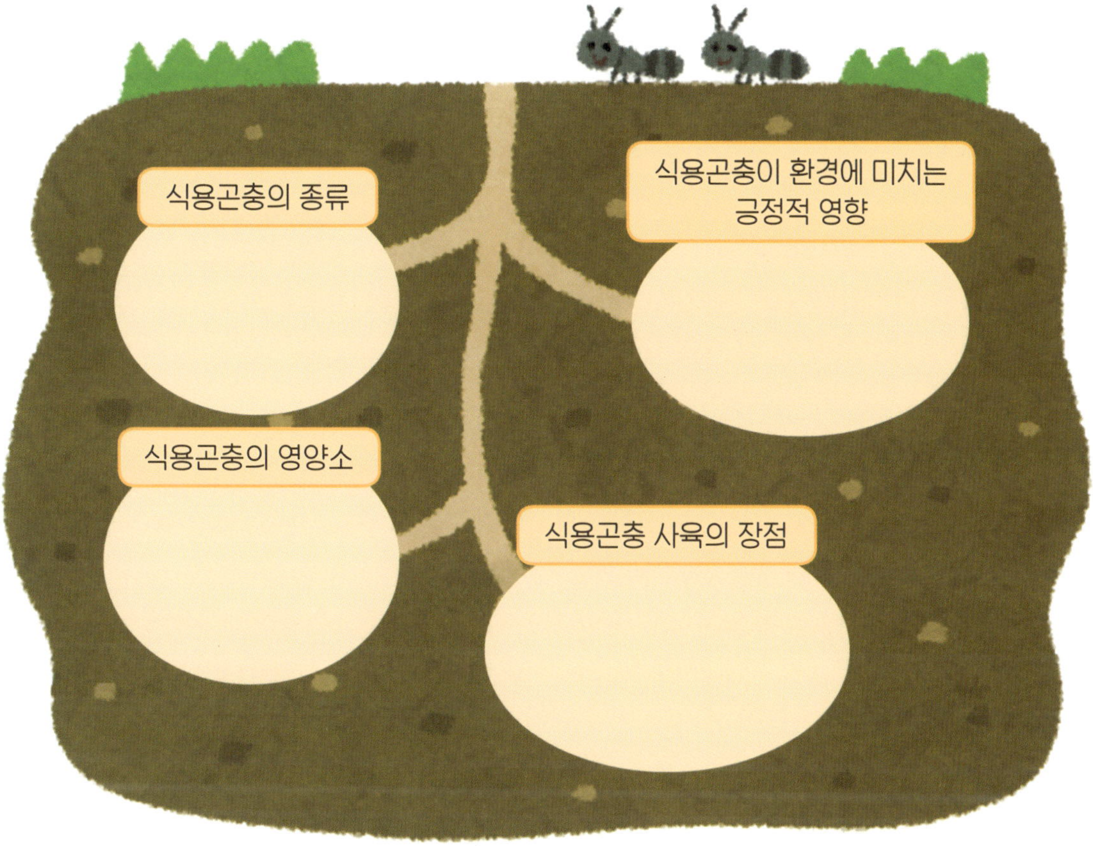

- 식용곤충의 종류
- 식용곤충이 환경에 미치는 긍정적 영향
- 식용곤충의 영양소
- 식용곤충 사육의 장점

아직 많은 사람들이 식용곤충에 대해 거부감을 느끼고 있어요. 이러한 거부감을 줄이고 곤충을 식용으로 받아들이기 위해서는 어떤 방법이 있을까요? 여러분의 창의적인 아이디어를 공유해주세요.

 기사 꿀단지　　　　　　　　　　　　　　　　　　　월　　일　　요일

새로운 과일 지도 국내산 망고 등장!

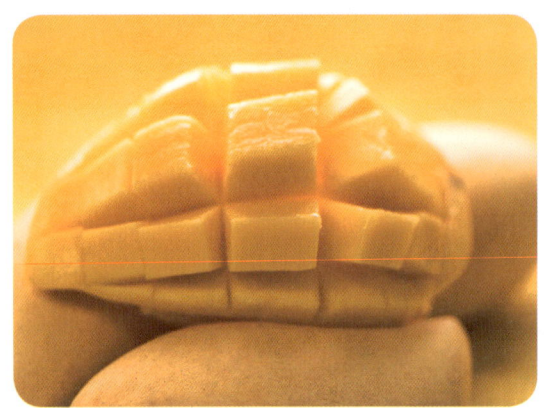

기후변화로 인해 더운 나라에서만 자생하던 열대 과일을 이제 우리나라에서도 자주 볼 수 있게 되었어요. 최근에는 제주도에서만 재배되던 애플망고와 천혜향, 레몬이 충남과 전남 등지에서도 재배되고 있어요. 따뜻해진 기후 덕분에 이 과일들을 새로운 지역에서도 생산할 수 있게 된 것이죠. 제주도에서도 기온이 상승하면서 농부들은 열대과일을 재배하기 시작했고, 이제는 다른 지역에서도 이 과일들을 맛볼 수 있게 되었답니다.
경남 통영과 전남 영광에서는 망고가 재배되고 있죠. 전남 고흥에서는 스페인, 그리스 등 남유럽에서 주로 재배되는 올리브도 생산되고 있어요. 올리브는 건강에 좋은 기름을 만드는 데 사용됩니다. 이 올리브가 이제는 한국에서 재배되는 과일로 자리 잡고 있죠. 그런가하면 강원도와 경기도에서는 멜론과 무화과가 재배되고 있어요. 여름철에 특히 인기가 많은 이 과일들은 시원하게 먹기 좋은 간식으로 많은 사랑을 받고 있답니다. 또한, 경기도 평택에서는 패션프루트, 즉 백향이 재배되고 있어요. 특유의 맛과 향으로 많은 사람들이 좋아하는 패션프루트를 이제 수도권에서도 쉽게 만나볼 수 있게 되었답니다.
이처럼 기후변화가 우리나라 기후를 아열대로 점차 바꾸면서 우리 농업에도 큰 변화를 가져오고 있어요. 열대과일 재배로 대한민국의 새로운 과일 지도가 만들어지고 있죠. 앞으로 어떤 새로운 과일들이 우리나라에서 재배될지 정말 기대가 됩니다.

 꿀벌로 지식 모으기

올리브
지중해 연안의 국가에서 즐겨 먹는 올리브 나무의 열매이다. 인류 역사상 가장 오래된 열매나무 중 하나다. 올리브의 학명인 '올레아(Olea)'는 라틴어로 '오일(에)'을 뜻하는데, 이는 올리브 열매의 높은 기름 함량과 오일로서의 활용 가치를 나타내기도 한다. 기름뿐 아니라 올리브 자체를 소금물에 절여 전체 요리나 곁들임 요리로 쓰기도 한다. 올리브 성분의 80%는 몸 안에 쌓이지 않는 불포화 지방산이며 항산화 작용을 해 건강식품으로 유명하다.

어휘 한 스푼

- **자생** : 자연 상태에서 스스로 자라는 것
- **열대** : 가장 추운 달의 월평균 기온이 18℃ 이상으로 매우 더운 지역을 말한다. 계절변화도 거의 없고, 밤과 낮의 길이가 비슷하며 비가 많이 내린다.
- **재배** : 식물을 심어 가꿈
- **생산** : 인간이 생활하는 데 필요한 각종 물건을 만들어 냄

어휘를 꿀떡

단어와 한자 뜻, 단어의 뜻을 써보세요.

| 생 산 | 生
 날 생 | 産
 낳을 산 | 인간이 생활하는 데 필요한 각종 물건을 만들어 냄 |

1 유의어
- **제작** : 재료를 가지고 기능과 내용을 가진 새로운 물건이나 예술작품을 만듦
- **창출** : 전에 없던 것을 처음으로 생각하여 지어내거나 만들어 냄

2 기사에서는 '생산'이 어떻게 쓰여 있는지 '생산'이 들어간 문장을 찾아 써보세요.

3 위 단어를 넣어 한 문장 만들기를 해보세요.

기사 꿀단지 열기

기사 내용에 대한 O, X 퀴즈를 풀어보세요.

1. 애플망고는 우리나라에서 재배할 수 없다.
2. 전남 고흥에서는 스페인에서 재배하던 올리브가 생산되고 있다.
3. 기후변화로 인해 수도권에서는 열대과일 재배가 어렵다.

3-2-1 꿀뜨개

기사 내용에 대해 더 생각해봐요.

1. 기사에서 중요하다고 생각되는 단어 **3가지**를 써보세요.

2. 기사 내용 중 새롭게 알았거나 중요하다고 생각되는 것 **2가지**를 써보세요.

3. 기사 내용을 별점으로 나타내어 보고, 나의 소감도 **1문장**으로 써보세요.

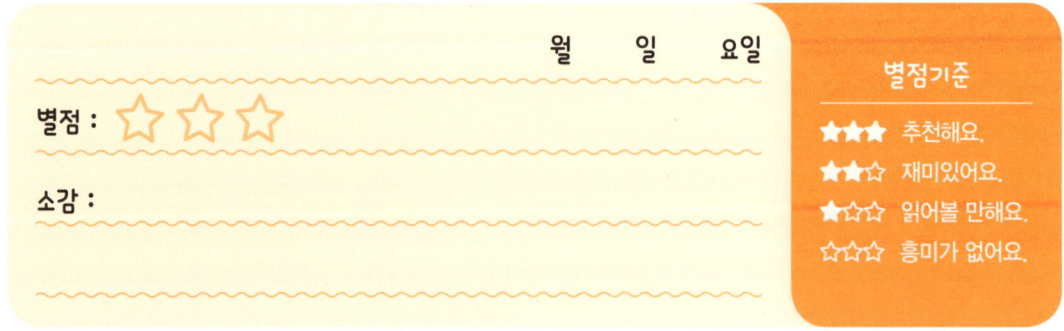

사고력 붕붕
과일 지도 그리기

보기에서 지역과 관련된 열대과일 이름을 살펴보고, 재배되는 지역을 찾아 지도 위에 열대과일을 그림으로 표시해 보세요.

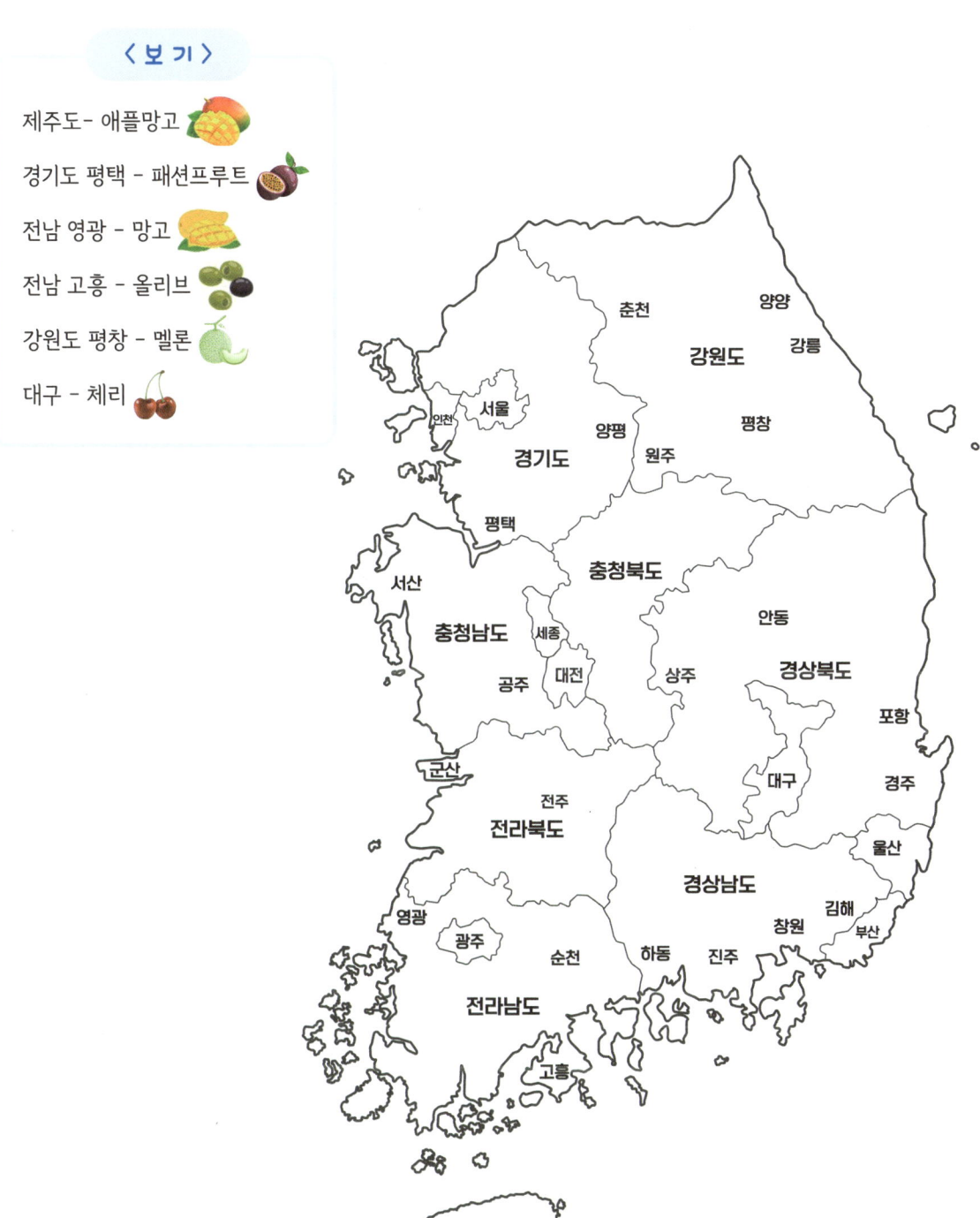

< 보기 >
- 제주도 - 애플망고
- 경기도 평택 - 패션프루트
- 전남 영광 - 망고
- 전남 고흥 - 올리브
- 강원도 평창 - 멜론
- 대구 - 체리

환경

 기사 꿀단지

월   일   요일

스위스 빙하의 눈물

최근 스위스의 빙하가 놀라운 속도로 녹고 있어요. 2023년에만 스위스 빙하의 부피가 4% 줄어들었고, 2022년에는 6%나 감소했답니다. 이렇게 빙하가 줄어드는 것은 매우 심각한 문제가 되고 있어요. 스위스의 빙하학자 마티아스 후스는 "2024년에도 겨울에 많은 눈이 내렸지만, 빙하는 여전히 빠르게 녹고 있다"고 말했어요. 사실, 지난해 겨울에는 많은 눈이 내렸지만, 지구온난화 때문에 빙하가 녹는 속도를 늦추지 못했답니다.

빙하가 줄어들면 여러 가지 문제가 생길 수 있어요. 첫째, 빙하가 녹으면서 바다로 흘러들어가 해수면이 높아져요. 이로 인해 해안가에 있는 마을이나 도시가 물에 잠길 위험이 커져요. 많은 사람들이 삶의 터전을 잃을 수도 있답니다. 둘째, 빙하가 녹으면서 발생하는 물이 갑자기 늘어나면 홍수와 같은 자연재해를 초래할 수 있어요. 셋째, 빙하가 줄어들면 그곳에 사는 동식물의 서식지가 줄어들어 생태계에도 큰 영향을 미칠 수 있어요.

이처럼 빙하가 줄어드는 것은 우리 모두에게 큰 문제가 되고 있어요. 우리가 지구를 아끼고 보호하기 위해 작은 행동부터 시작하면 좋겠어요.

▲ 녹아내려 호수를 형성한 스위스의 론 빙하

 꿀벌로 지식 모으기

빙하의 종류
- 대륙 빙하 : 남극대륙처럼 광대한 지역에 연속해서 발달하는 빙하로 대체로 평평하다.
- 산악 빙하 : 알프스 산맥이나 히말라야 산맥처럼 높은 산악지역에 발달하는 빙하로 지형이 울퉁불퉁하다.
- 빙산 : 빙하에서 떨어져 나와 바다에 떠 있는 얼음덩어리를 말한다.
- 빙붕 : 빙하 등의 얼음이 바다와 만나 생성된 두껍고 평평한 얼음덩어리이다.

어휘 한 스푼

- **빙하** : 수백, 수천 년 동안 쌓인 눈이 얼음덩어리로 변하여 그 자체의 무게로 압력을 받아 이동하는 현상. 또는 그 얼음덩어리
- **해수면** : 바닷물의 표면
- **서식지** : 생물 따위가 일정한 곳에 자리를 잡고 사는 곳

어휘를 꿀떡

단어와 한자 뜻, 단어의 뜻을 써보세요.

| 빙 하 | 
얼음 빙 | 
물 하 | 수백에서 수천 년 동안 쌓인 눈이 얼음덩어리로 변하여 그 자체의 무게로 압력을 받아 이동하는 현상 |

1 유의어

- **만년설** : 아주 추운 지방이나 높은 산지에 언제나 녹지 아니하고 쌓여 있는 눈. 차차 얼음덩어리가 된다.
- **만년빙** : 아주 추운 지방이나 높은 산지에 언제나 녹지 아니하고 얼어 있는 얼음

2 기사에서는 '빙하'가 어떻게 쓰여 있는지 '빙하'가 들어간 문장을 찾아 써보세요.

3 위 단어를 넣어 한 문장 만들기를 해보세요.

기사 꿀단지 열기
기사 내용에 대한 O, X 퀴즈를 풀어보세요.

1. 스위스의 빙하가 줄어들고 있다.   O   X
2. 빙하가 녹으면 바다로 흘러들어가 해수면이 낮아진다.
3. 빙하가 줄어들면 빙하에서 사는 생물의 서식지가 줄어들어 생태계에 큰 영향을 미칠 수 있다.

3-2-1 꿀뜨개
기사 내용에 대해 더 생각해봐요.

1. 기사에서 중요하다고 생각되는 단어 **3가지**를 써보세요.

2. 기사 내용 중 새롭게 알았거나 중요하다고 생각되는 것 **2가지**를 써보세요.

3. 기사 내용을 별점으로 나타내어 보고, 나의 소감도 **1문장**으로 써보세요.

월   일   요일

별점 : ☆☆☆

소감 :

별점기준
★★★ 추천해요.
★★☆ 재미있어요.
★☆☆ 읽어볼 만해요.
☆☆☆ 흥미가 없어요.

사고력 붕붕
빙하가 줄어드는 북극의 곰들은 어떤 기분일까요?

빙하는 북극곰이 사냥을 하고 새끼를 키우는 삶의 터전이에요. 그러나 지구온난화로 인해 북극의 빙하가 줄어들면서 이제 북극곰은 생존의 위협을 받고 있죠. 이런 상황에서 북극곰은 어떤 기분이 들까요? 사진을 보고 북극곰이 느낄 기분과 북극곰에게 해주고 싶은 말을 써보세요.

- 북극곰은 어떤 기분일까요?

- 북극곰에게 해주고 싶은 말

환경

 **기사 꿀단지** 월 일 요일

젖소도 놀란 덴마크의 방귀세

덴마크에서 흥미로운 소식이 들려왔어요. '낙농강국'으로 유명한 덴마크가 최근 축산농가에 방귀세를 부과하겠다고 발표했답니다. 이 방귀세는 가축이 방귀를 뀌거나 분뇨를 처리할 때 나오는 메탄가스에 대해 부과하는 세금이에요. 덴마크 정부는 2024년 6월 25일 '녹색 덴마크 협정'을 발표하며, 2030년부터 농가에서 기르는 젖소 한 마리당 연간 약 15만 원의 탄소세를 부과하겠다고 밝혔어요. 지구온난화에 큰 영향을 미치는 메탄가스를 줄이기 위한 조치랍니다.

덴마크는 가축 사육과정에서 발생하는 탄소가 전 세계의 탄소배출량의 30%에 달한다고 밝혔어요. 그래서 방귀세를 도입해 환경을 보호하고, 기후변화에 대응하겠다는 거예요. 이 법안은 2024년 11월 의회를 통과해, 덴마크는 세계 최초로 낙농업에 탄소세를 부과하는 나라가 되었죠.

하지만 덴마크의 농민들은 방귀세에 크게 반발하고 있어요. 농민단체들은 방귀세가 농가에 부담이 되는 데다가, 자국의 유제품 가격경쟁력을 떨어뜨릴 수 있다고 걱정하고 있답니다.

사실 2022년에 뉴질랜드와 아일랜드에서도 가축 탄소세 도입을 검토했지만, 농민들의 반발로 검토안이 폐기된 적이 있어요. 덴마크의 방귀세가 지구온난화에 대처하는 데 정말 도움이 될지 앞으로 많은 사람들이 관심을 가질 것으로 보입니다.

 꿀벌로 지식 모으기

메탄가스

동물이나 식물 같은 물질이 미생물에 의해 분해되면서 수소와 이산화탄소를 결합하면서 발생하는 기체다. 쓰레기 매립지에서 쓰레기가 썩으면서 발생하기도 한다. 한편 소나 양, 염소처럼 되새김질로 여러 번 먹이를 소화시키는 동물들은 스스로 메탄가스를 내뿜기도 한다. 이러한 동물에 의해 전 세계 메탄가스의 1/4이 방출된다. 메탄가스는 이산화탄소, 아산화질소 등과 함께 대기에 머물며 태양의 복사열 방출을 막는 지구온난화의 주범으로 지목된다.

어휘 한 스푼

- 분뇨 : 똥과 오줌을 아울러 이르는 말
- 협정 : 두 개 이상의 나라 단체가 함께 약속한 내용
- 사육 : 어린 가축이나 짐승이 자라도록 먹이어 기름
- 반발 : 어떤 상태나 행동 따위에 대하여 거스르고 반항함

어휘를 꿀떡

단어와 한자 뜻, 단어의 뜻을 써보세요.

| 반 발 |  돌이킬 반 |  다스릴 발 | 어떤 상태나 행동 따위에 대하여 거스르고 반항함 |

1 유의어
- 반대 : 어떤 행동이나 견해, 제안 따위에 따르지 아니하고 맞서 거스름
- 반항 : 다른 사람이나 대상에 맞서 대들거나 반대함

2 기사에서는 '반발'이 어떻게 쓰여 있는지 '반발'이 들어간 문장을 찾아 써보세요.

3 위 단어를 넣어 한 문장 만들기를 해보세요.

기사 꿀단지 열기
기사 내용에 대한 O, X 퀴즈를 풀어보세요.

1 덴마크는 '낙농 강국'이다. O X

2 덴마크는 젖소 한 마리당 약 15만 원의 방귀세를 부과한다. ☐ ☐

3 덴마크 농민들은 방귀세가 자국의 낙농 경쟁력을 떨어뜨릴 수 있다며 반발하고 있다. ☐ ☐

3-2-1 꿀뜨개
기사 내용에 대해 더 생각해봐요.

1 기사에서 중요하다고 생각되는 단어 **3가지**를 써보세요.

2 기사 내용 중 새롭게 알았거나 중요하다고 생각되는 것 **2가지**를 써보세요.

3 기사 내용을 별점으로 나타내어 보고, 나의 소감도 **1문장**으로 써보세요.

월　일　요일

별점 : ☆☆☆

소감 :

별점기준
★★★ 추천해요.
★★☆ 재미있어요.
★☆☆ 읽어볼 만해요.
☆☆☆ 흥미가 없어요.

4컷 만화 그리기

4컷 만화는 복잡한 내용을 간단하게 요약해 전달할 수 있어, 읽는 사람이 이해하기 쉽고 빠르게 핵심을 파악할 수 있어요. 덴마크의 방귀세에 대한 기사를 읽고 4컷 만화를 그려보세요.

 기사 꿀단지

월   일   요일

제로웨이스트, 지구를 지키는 멋진 방법!

제로웨이스트(Zero Waste)는 '쓰레기를 제로(0)로 만든다'는 뜻으로, 쓰레기를 최대한 줄여서 환경을 보호하려는 노력을 의미해요.

우리 주변에는 매일 플라스틱, 종이, 음식물 쓰레기 등 다양한 종류의 쓰레기가 생기고 있어요. 쓰레기들은 분해되기까지 오랜 시간이 걸리고, 자연과 생물에게도 해를 끼칠 수 있어요. 이러한 쓰레기를 줄이고, 재활용과 재사용을 통해 지속가능한 삶을 추구하는 것이죠.

제로웨이스트에는 다섯 가지 원칙이 있어요.

1. 거부하기(Refuse) : 필요 없는 물건은 쓰지 않는 것이에요. 예를 들어, 플라스틱 빨대나 일회용 젓가락 등 불필요한 물건을 거부해보세요.
2. 줄이기(Reduce) : 불필요한 물건을 줄이고 필요한 만큼만 소비하는 것이에요. 물건을 사기 전에 꼭 필요한지 생각해보세요.
3. 재사용하기(Reuse) : 한 번 사용한 물건을 다시 사용하는 것이에요. 일회용 컵 대신 텀블러를 사용하거나, 장바구니를 이용해 쇼핑하는 것이죠.
4. 재활용하기(Recycle) : 재활용할 수 있는 자원이 될 수 있도록, 쓰레기를 버릴 때는 종류별로 잘 분리해서 버립니다.
5. 썩히기(Rot) : 음식물 쓰레기를 퇴비로 만들어서 자연으로 돌려보내는 방법이에요. 이렇게 하면 자연이 다시 쓰레기를 흡수할 수 있어요.

쓰레기를 줄이면 자연이 아프지 않고, 우리 모두가 더 깨끗한 지구에서 살 수 있어요. 또한, 우리가 사용하는 자원을 아끼고, 미래세대에게 깨끗한 환경을 물려줄 수 있답니다.

▲ 버려진 그물망을 재활용해 만든 인테리어 소품

 꿀벌로 지식 모으기

용기내 챌린지

음식배달과 포장에서 생기는 플라스틱 용기 등 일회용품을 줄이자는 취지에서 시작된 캠페인이다. 일회용품을 줄이기 위해 배달을 줄이고, 직접 음식점에서 음식을 포장할 때 직접 집에 있는 냄비나 용기를 들고 가서 음식을 포장해오는 캠페인이다. 이러한 과정에서 낭비되는 비닐봉투나 플라스틱 일회용품 사용을 줄일 수 있다. 제로웨이스트를 실천하는 대표적인 방법 중 하나다.

어휘 한 스푼

- 추구 : 목적을 이룰 때까지 뒤좇아 구함
- 원칙 : 어떤 행동이나 이론 따위에서 일관되게 지켜야 하는 기본적인 규칙이나 법칙
- 거부 : 요구나 제의 따위를 받아들이지 않고 물리침
- 퇴비 : 풀, 짚 또는 가축의 배설물 따위를 썩힌 거름

어휘를 꿀떡

단어와 한자 뜻, 단어의 뜻을 써보세요.

| 거 부 |  막을 거 |  아닐 부 | 요구나 제의 따위를 받아들이지 않고 물리침 |

1 유의어
- 사절 : 요구나 제의를 받아들이지 않고 사양하여 물리침
- 거절 : 상대편의 요구, 제안, 선물, 부탁 따위를 받아들이지 않고 물리침

2 기사에서는 '거부'가 어떻게 쓰여 있는지 '거부'가 들어간 문장을 찾아 써보세요.

3 위 단어를 넣어 한 문장 만들기를 해보세요.

기사 꿀단지 열기

기사 내용에 대한 O, X 퀴즈를 풀어보세요.

1 제로웨이스트란 '쓰레기를 제로로 만들다'라는 뜻이다. ⬜O ⬜X

2 제로웨이스트를 실천하고 있는 나라는 아직 많지 않다. ⬜ ⬜

3 '썩히기'는 제로웨이스트의 원칙 중 하나이다. ⬜ ⬜

3-2-1 꿀뜨개

기사 내용에 대해 더 생각해봐요.

1 기사에서 중요하다고 생각되는 단어 **3가지**를 써보세요.

2 기사 내용 중 새롭게 알았거나 중요하다고 생각되는 것 **2가지**를 써보세요.

3 기사 내용을 별점으로 나타내어 보고, 나의 소감도 **1문장**으로 써보세요.

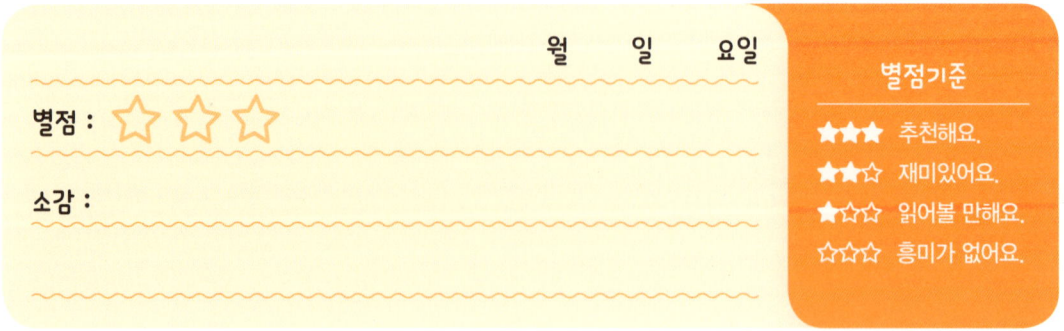

제로웨이스트의 다섯 가지 캠페인 포스터를 완성해봐요.

기사의 제로웨이스트 다섯 가지 원칙에 관한 글을 써보고, 원 안에 관련 그림을 그려보세요. 다섯 가지 원칙 중 마지막 원칙의 예시를 참고하여 완성해보세요.

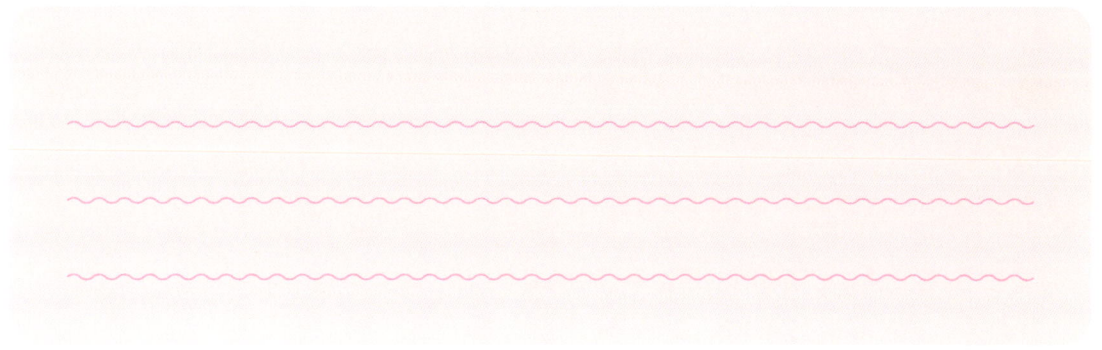

위 포스터 중 내가 실천할 수 있는 것은 무엇인가요? 제로웨이스트 원칙 중 내가 실천할 수 있는 것은 무엇이고 어떻게 실천할 수 있는지 써보세요.

 기사 꿀단지

월   일   요일

지구의 온도계, 우리가 바로 히어로!

지구온난화는 지구의 기온이 점점 상승하는 현상으로, 그 원인은 바로 온실가스의 증가에 있어요. 이산화탄소(CO_2), 메탄(CH_4), 아산화질소(N_2O) 같은 온실가스가 대기 중에 많이 생기면 지구가 뜨거워져요.

온실가스는 주로 화석연료를 태우거나 산업 활동, 농업 과정 등에서 발생해요. 예를 들어, 자동차를 운전하거나 공장에서 제품을 만들 때, 그리고 집에서 전기와 난방을 사용할 때 이산화탄소가 배출되죠. 이렇게 배출된 온실가스는 지구 대기에 머무르며 지면의 열을 가두어 기온을 높이는 역할을 해요. 온실가스의 농도가 높아질수록 지구기온은 더 많이 상승하게 되고, 이는 다양한 피해를 초래하게 됩니다.

지구온난화는 우리에게 어떤 피해를 줄까요? 첫째, 기후변화로 인해 극단적인 날씨가 많이 발생하게 됩니다. 최근에는 폭염, 홍수, 가뭄 같은 자연재해가 잦아지면서 농업과 생태계에 큰 타격을 주고 있죠. 둘째, 해수면이 상승하면서 해안지역이 침수 위험에 처하게 됩니다. 셋째, 생물이 서식지를 잃게 되어 생물다양성이 줄어들고, 많은 동식물이 멸종위기에 놓이게 돼요.

이처럼 지구온난화는 우리에게 심각한 문제를 안겨주고 있어요. 하지만 작은 실천을 통해 이 문제를 해결하고 온실가스를 감축할 수 있어요. 에너지를 절약하고, 대중교통을 이용하며, 재활용을 실천하는 것만으로도 환경을 지키는 데 큰 도움이 된답니다.

 꿀벌로 지식 모으기

온실가스

온실가스에는 이산화탄소, 메탄, 아산화질소, 프레온, 오존 등이 있다. 이 가스들은 대기권에 머물며 지구 표면에서 나오는 열과 에너지를 대기권 밖으로 빠져나가지 못하도록 가두는 온실효과를 일으킨다. 온실효과는 이렇게 지표면을 데우면서 지구온난화를 유발하게 된다. 산업화 이후 석유나 석탄 등의 화석연료 사용이 크게 증가하면서 온실가스의 배출도 늘어나게 되었다.

어휘 한 스푼

- 상승 : 낮은 데서 위로 올라감
- 화석연료 : 먼 옛날 지구상에 살았던 생물의 잔해에 의해 생성된 에너지 자원으로 지하에서 형성된다. 석탄, 석유, 천연가스, 오일샌드 등이 있다.
- 초래 : 일의 결과로서 어떤 현상을 생겨나게 함
- 감축 : 덜어서 줄임

어휘를 꿀떡

단어와 한자 뜻, 단어의 뜻을 써보세요.

감축	減	縮	덜어서 줄임
	덜 감	줄일 축	

1 유의어
- 축소 : 모양이나 규모 따위를 줄여서 작게 함
- 삭감 : 깎아서 줄임

2 기사에서는 '감축'이 어떻게 쓰여 있는지 '감축'이 들어간 문장을 찾아 써보세요.

3 위 단어를 넣어 한 문장 만들기를 해보세요.

기사 꿀단지 열기
기사 내용에 대한 O, X 퀴즈를 풀어보세요.

1. 온실가스가 증가하면 지구의 기온이 점점 내려간다.
2. 자동차를 운전하거나 공장에서 제품을 만들 때 이산화탄소가 배출된다.
3. 동식물의 멸종위기는 지구온난화와 관계가 있다.

3-2-1 꿀뜨개
기사 내용에 대해 더 생각해봐요.

1. 기사에서 중요하다고 생각되는 단어 **3가지**를 써보세요.

2. 기사 내용 중 새롭게 알았거나 중요하다고 생각되는 것 **2가지**를 써보세요.

3. 기사 내용을 별점으로 나타내어 보고, 나의 소감도 **1문장**으로 써보세요.

월   일   요일

별점 : ☆☆☆

소감 :

별점기준
★★★ 추천해요.
★★☆ 재미있어요.
★☆☆ 읽어볼 만해요.
☆☆☆ 흥미가 없어요.

사고력 붕붕

온실가스를 감축할 수 있는 방법을 생각해봐요.

우리의 지구를 지키기 위해 에너지를 감축할 수 있는 방법은 무엇이 있을까요? 여러 곳에서 실천할 수 있는 작은 행동들을 생각해서 써보아요!

나	
가정에서	
학교에서	
기업에서	

환경

 기사 꿀단지

월   일   요일

LA 산불, 기후변화가 가져온 경고

2025년 1월 7일 미국 캘리포니아 로스앤젤레스(LA) 지역에서 동시다발적으로 세 개의 산불이 일어났어요. 이번 산불은 강한 바람과 극도로 건조한 날씨 때문에 쉽게 진압되지 못했답니다. 이로 인해 안타깝게도 수십 명의 인명피해와 1만 2천 채 이상의 건물이 소실되었어요. 또 15만 명이 넘는 주민이 대피했는데요. 산불로 인한 경제적 손실은 약 1,500억 달러, 우리 돈으로 약 220조 원으로 예상돼요.

이번 LA 산불이 일어난 원인은 기후변화와 관련이 있어요. 앞서도 보았듯이 우리가 사용하는 화석연료 때문에 지구의 온도가 점점 높아지고 있답니다. 화석연료는 자동차를 운행하거나 공장을 운영할 때 사용하는 석유와 같은 것들이에요. 화석연료를 태우면서 발생하는 온실가스가 지구를 더 뜨겁게 만들고 있어요. 지구가 뜨거워지면 더운 날과 건조한 날이 많아지는데, 이런 기후변화가 산불의 위험성을 높인답니다.

전문가들은 기후변화가 가져오는 극단적인 날씨 패턴이 앞으로도 계속될 것이라고 경고하고 있어요. 또한 기후변화로 인한 산불 위험을 줄이기 위해 온실가스 배출 감소, 산불 예방정책 강화, 기후변화의 심각성을 알리는 교육, 과학적 연구 지원 등을 제안하고 있어요. 이번 LA에서 발생한 산불은 단순한 재난이 아니에요. 이 사건은 우리가 겪고 있는 기후변화의 심각성을 다시 한 번 생각해 보게 만드는 중요한 기회랍니다. 우리가 어떤 선택을 하느냐에 따라 우리의 미래가 달라질 수 있다는 사실을 잊지 말아야 해요.

▲ 산불 연기에 뒤덮인 LA의 주택가

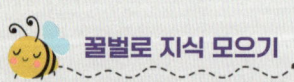 꿀벌로 지식 모으기

날씨와 기후의 차이는?

일반적으로 '날씨'는 우리가 매일 경험하는 기온, 바람, 비 등의 대기 상태를 말하며, '기후'는 수십 년 동안 한 지역의 날씨를 평균화한 것이다. 기후는 위도, 바람으로부터의 거리, 식물 또는 다른 지리적 요소에 의존하기 때문에 장소에 따라 다양하며, 또한 계절 등 시간에 따라서도 다양하다. 지구의 기후는 과거에도 지속적으로 변화해 왔으나 최근의 기후변화는 지구의 자연계 시스템이 제대로 적응하지 못할 만큼 급격하게 이뤄져 심각한 문제가 된다.

어휘 한 스푼

- **동시다발** : 같은 시기에 여러 가지가 발생
- **소실** : 불에 타서 사라짐
- **손실** : 잃어버리거나 축나서 손해를 봄
- **감소** : 양이나 수가 이전보다 줄어듦

어휘를 꿀떡

단어와 한자 뜻, 단어의 뜻을 써보세요.

| 손 실 | 損 (덜 손) | 失 (잃을 실) | 잃어버리거나 축나서 손해를 봄 |

1 유의어

- **손해** : 물질적으로나 정신적으로 밑짐
- **타격** : 어떤 일에서 크게 기를 꺾음. 또는 그로 인한 손해

2 기사에서는 '손실'이 어떻게 쓰여 있는지 '손실'이 들어간 문장을 찾아 써보세요.

3 위 단어를 넣어 한 문장 만들기를 해보세요.

기사 꿀단지 열기
기사 내용에 대한 O, X 퀴즈를 풀어보세요.

1. 2025년 1월, 미국 로스앤젤레스 지역에서 산불이 일어났다.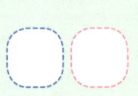
2. 산불은 건조한 날씨 덕분에 금방 진압되었다.
3. LA 산불은 자동차 공장에서 발생한 불꽃이 산으로 옮겨가면서 발생했다.

3-2-1 꿀뜨개
기사 내용에 대해 더 생각해봐요.

1. 기사에서 중요하다고 생각되는 단어 **3가지**를 써보세요.

2. 기사 내용 중 새롭게 알았거나 중요하다고 생각되는 것 **2가지**를 써보세요.

3. 기사 내용을 별점으로 나타내어 보고, 나의 소감도 **1문장**으로 써보세요.

月   日   요일

별점 : ☆☆☆
소감 :

별점기준
★★★ 추천해요.
★★☆ 재미있어요.
★☆☆ 읽어볼 만해요.
☆☆☆ 흥미가 없어요.

그래픽 구조화

그래픽 구조화는 시각적 요소를 활용하여 정보를 그룹화하고 정리하는 것을 의미해요. 앞의 기사를 참고하여 구름 부분에는 기사 제목을, 나뭇잎에는 나무기둥에 적힌 소제목에 맞춰 기사 내용을 작성하여 내용을 구조화해 보세요.

- 산불 사건내용
- 전문가 의견
- 산불과 기후변화

환경

＊ 피라미드 앞에 우뚝 선 강익중의 '네 개의 신전'

＊ 미키마우스, 저작권의 마법이 풀리다

＊ 테일러 스위프트의 영향력

＊ 한강 작가, 2024년 노벨 문학상 수상!

＊ 한국 애니메이션의 새로운 아이콘, '하츄핑'

6장
문화

 기사 꿀단지

월   일   요일

피라미드 앞에 우뚝 선 강익중의 '네개의 신전'

2024년 10월 24일 이집트에서 강익중 작가의 전시회가 열렸어요. 이 전시회는 '포에버 이즈 나우(Forever Is Now)'라는 이름으로, 세계적으로 유명한 피라미드 앞에서 열렸답니다. 전 세계 12명의 작가가 참여한 이 전시회에 한국 최초로 강익중 작가가 초청되어 멋진 작품을 만들었다고 합니다.

강익중 작가는 이번 전시회에서 '네 개의 신전'이라는 작품을 선보였는데, 이 작품은 네 개의 대형 직육면체 형태인 외벽에 한글과 영어, 아랍어, 상형문자로 우리민요인 '아리랑'의 가사가 적혀있어요. 그리고 작품 내벽은 전 세계 어린이들과 한국전쟁의 실향민, 그리고 난민촌 사람들이 그린 5,016개의 그림으로 구성되어 있어요.

강익중 작가의 '네 개의 신전'은 단순한 미술작품을 넘어, 다양한 문화와 언어가 어우러지는 소통의 장을 만들어냈어요. 이 작품은 한글, 영어, 아랍어, 상형문자로 적힌 '아리랑'의 가사를 통해 한국의 전통과 현대를 연결하고, 전 세계 어린이들과 실향민, 난민촌 사람들의 그림으로 인류의 아픔과 희망을 나누고자 했어요.

포에버 이즈 나우 전시회를 이끄는 나딘 압델 가파르 감독은 "강익중의 작품은 올해 가장 드라마틱하고 주제를 잘 표현한 작품이다. 사막에 한글, 아랍어, 영어, 상형문자가 어우러진 구조물이 세워져 놀랍다"며, "앞으로도 한국 작가들이 계속 참여하길 바란다"고 전했어요.

▲ 강익중 작가의 작품 '청춘'

 꿀벌로 지식 모으기

포에버 이즈 나우(Forever Is Now)
이집트 카이로의 기자 피라미드를 배경으로 열리는 국제 현대미술 전시회이다. 이 전시회는 고대 유적지인 기자 피라미드에서 현대 미술 작품을 선보이며, 과거와 현재, 미래를 넘어 예술과 역사, 문화의 융합을 목표로 하고 있다. 2021년 가을부터 시작했으며, 이집트 문화부와 유네스코 등의 후원으로 개최된다.

어휘 한 스푼

- 초청 : 사람을 청하여 부름
- 선보이다 : 처음으로 내놓아 보여 주다.
- 실향민 : 고향을 잃고 타향에서 지내는 백성
- 난민촌 : 내전이나 기아 등으로 인하여 생긴 난민들이 모여 사는 곳

어휘를 꿀떡

단어와 한자 뜻, 단어의 뜻을 써보세요.

| 초청 | 招 부를 초 | 請 청할 청 | 사람을 청하여 부름 |

1 유의어
- 초대 : 어떤 모임에 참가해 줄 것을 청함
- 초빙 : 예를 갖추어 불러 맞아들임

2 기사에서는 '초청'이 어떻게 쓰여 있는지 '초청'이 들어간 문장을 찾아 써보세요.

3 위 단어를 넣어 한 문장 만들기를 해보세요.

기사 꿀단지 열기

기사 내용에 대한 O, X 퀴즈를 풀어보세요.

1 2024년 이집트에서 강익중 화가의 전시회가 열렸다.

2 강익중 작가의 작품 외벽에는 우리나라 '애국가'가 쓰여 있다.

3 작품 내벽에는 한국전쟁의 실향민과 난민촌 사람들의 그림이 그려져 있다.

3-2-1 꿀뜨개

기사 내용에 대해 더 생각해봐요.

1 기사에서 중요하다고 생각되는 단어 **3가지**를 써보세요.

2 기사 내용 중 새롭게 알았거나 중요하다고 생각되는 것 **2가지**를 써보세요.

3 기사 내용을 별점으로 나타내어 보고, 나의 소감도 **1문장**으로 써보세요.

월   일   요일

별점 : ☆☆☆

소감 :

별점기준
★★★ 추천해요.
★★☆ 재미있어요.
★☆☆ 읽어볼 만해요.
☆☆☆ 흥미가 없어요.

강익중 작가처럼

강익중 작가의 작품은 3인치 정사각형 안에 한글의 초성, 중성, 종성을 알록달록한 색깔로 아름답게 조화를 이루도록 표현한 것이 특징이랍니다. 다음 색깔 네모 칸(가로, 세로, 대각선)에 자신이 좋아하는 단어나 말을 한 글자에서 다섯 글자까지 알록달록하게 한글로 써보세요(예 행복, 잘했어, 너를 믿어 등등).

아	리		랑	아	리
랑		고		개	로
넘		어	간		다
	나	를	버	리	
	고				가
	시	는	임	은	십
	리	도		못	가
	서	발	병	난	다

 기사 꿀단지

월 일 요일

미키마우스, 저작권의 마법이 풀리다

1928년에 처음 등장한 미키마우스는 지금까지도 많은 사람들에게 사랑받고 있는 캐릭터입니다. 그런데 미키마우스에게는 아주 중요한 법률이 있어요. 바로 저작권이라는 법률이에요.

저작권은 창작자의 작품을 보호해주는 법이에요. 쉽게 말해, 미키마우스를 만든 월트 디즈니는 다른 사람들이 미키마우스를 마음대로 사용할 수 없도록 하는 권리를 가지고 있어요. 이 저작권은 작품이 발표된 후 95년 동안 유지된답니다.

그런데 2024년 1월 1일에 미키마우스의 첫 번째 애니메이션인 '증기선 윌리'의 저작권이 만료하게 되었어요. 이 말은 이제 누구나 이 애니메이션을 자유롭게 사용할 수 있다는 뜻이에요. 하지만 증기선 윌리 외에 다른 미키마우스의 콘텐츠들은 여전히 저작권으로 보호받고 있어요.

저작권을 중요하게 지켜야 하는 이유는 창작자들이 자신의 작품과 콘텐츠를 보호받고, 작품으로 얻는 이익을 보장받을 수 있도록 돕기 때문이에요. 그럼으로써 더 많은 사람들이 창작활동에 참여하고, 새로운 캐릭터와 이야기가 활발하게 만들어질 수 있답니다.

▲ '증기선 윌리'의 포스터

 꿀벌로 지식 모으기

월트 디즈니

1901년 미국에서 태어난 애니메이션 제작자이자 영화 제작자이다. 그는 1928년 미키마우스를 창조하며 애니메이션의 새로운 시대를 열었다. 디즈니는 '디즈니랜드'와 '디즈니월드' 같은 테마파크를 설계하고, 다양한 애니메이션 영화로 전 세계에 큰 영향을 미쳤다. 그의 혁신적인 아이디어와 창의성은 오늘날에도 여전히 많은 사람들에게 영감을 주고 있다. 디즈니는 1966년 세상을 떠났지만, 그의 유산은 계속해서 이어지고 있다.

어휘 한 스푼

- 권리 : 어떤 일을 행하거나 타인에 대하여 당연히 요구할 수 있는 힘이나 자격
- 만료 : 기한이 다 차서 끝남
- 보장 : 어떤 일이 어려움 없이 이루어지도록 조건을 마련하여 보증하거나 보호함

어휘를 꿀떡

단어와 한자 뜻, 단어의 뜻을 써보세요.

만 료	滿	了	기한이 다 차서 끝남
	찰 만	마칠 료(요)	

1 유의어

- 만기 : 미리 정한 기한이 다 참
- 종료 : 어떤 행동이나 일 따위가 끝남. 또는 행동이나 일 따위를 끝마침

2 기사에서는 '만료'가 어떻게 쓰여 있는지 '만료'가 들어간 문장을 찾아 써보세요.

3 위 단어를 넣어 한 문장 만들기를 해보세요.

기사 꿀단지 열기

기사 내용에 대한 O, X 퀴즈를 풀어보세요.

1. 저작권은 창작자의 작품을 보호해 주는 법이다. O X
2. 미키마우스의 첫 애니메이션은 '증기선 윌리'이다. ☐ ☐
3. 미키마우스에 관한 모든 저작권이 만료됐다. ☐ ☐

3-2-1 꿀뜨개

기사 내용에 대해 더 생각해봐요.

1. 기사에서 중요하다고 생각되는 단어 **3가지**를 써보세요.

2. 기사 내용 중 새롭게 알았거나 중요하다고 생각되는 것 **2가지**를 써보세요.

3. 기사 내용을 별점으로 나타내어 보고, 나의 소감도 **1문장**으로 써보세요.

   월   일   요일

   별점 : ☆☆☆

   소감 :

   별점기준
   ★★★ 추천해요.
   ★★☆ 재미있어요.
   ★☆☆ 읽어볼 만해요.
   ☆☆☆ 흥미가 없어요.

시 쓰기 (N행시 쓰기)

이번 활동은 신문기사의 내용을 시로 표현해보는 것이에요. 기사를 기반으로 시를 창작하는 과정은 정보의 이해도를 높이는 동시에 창의적 표현을 경험할 수 있는 기회랍니다. 기사를 떠올리며 시를 써보고, 만약 시 쓰기가 어렵다면 '미키마우스'로 5행시를 시도해보는 것도 좋아요. 시 제목과 이름도 써보세요.

 기사 꿀단지

월   일   요일

테일러 스위프트의 영향력

미국의 싱어송라이터 테일러 스위프트는 단순한 팝스타를 넘어 현대 음악산업에 큰 영향을 미치고 있습니다. 그녀는 자신의 이름을 딴 신조어가 만들어질 정도로 경제·문화적 힘을 갖고 있답니다. 신조어 중 하나인 '스위프트 노믹스'는 스위프트가 공연하는 지역의 경제가 활발해지는 현상을 설명하는 말이에요. 그녀의 콘서트는 항상 매진되고, 이로 인해 해당 지역의 호텔, 음식점, 교통 등 다양한 산업이 긍정적인 영향을 받아요. 투어가 열리는 도시에는 수천 명의 팬들이 몰려들어 지역경제가 크게 활성화된답니다.

또 '스위프트 보트'라는 신조어는 그녀가 정치적 이슈에 목소리를 내면서 생겨났어요. 그녀는 플랫폼을 통해 사회정치적 의견을 표현하고, 팬들에게도 투표의 중요성을 강조했어요. 이런 행동은 팬들의 정치적 참여를 촉진하는 데 큰 역할을 하고 있답니다.

어린 시절부터 시를 쓰는 취미를 가졌던 스위프트는 자신의 감정이나 경험을 글로 표현했어요. 그녀는 현재도 자신의 이야기와 아픔을 곡으로 표현하며, 많은 이들이 공감할 수 있는 메시지를 음악에 담고 있어요. 그녀는 음악을 통해 희망의 메시지를 전달하고자 한답니다.

현재 스위프트는 세계에서 가장 부유한 여성 아티스트 중 한 명으로, 그녀의 성공은 단순한 개인적 성취에 그치지 않아요. 그녀는 다양한 자선단체에 기부하고 있고, 특히 교육과 인권문제에 대한 지원을 아끼지 않고 있어요. 자신의 목소리를 통해 사회적 이슈에 대한 인식을 높이고 긍정적인 변화를 이끌어내고자 노력하고 있답니다.

▲ 팝스타 테일러 스위프트

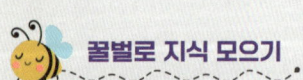 꿀벌로 지식 모으기

'2023년 올해의 인물'인 테일러 스위프트

미국 시사주간지 〈타임〉은 '2023년 올해의 인물'로 팝스타 테일러 스위프트를 선정했다. 1927년부터 시작된 타임 올해의 인물에 연예계 인사가 자신의 본업으로 선정된 것은 처음인데, 이전까지 선정된 다른 연예계 인물과는 달리 순수하게 팝스타로서 거둔 성공에 힘입어 선정됐다. 〈타임〉은 그녀를 두고 "2023년은 스위프트의 해였다"며 "지구상의 많은 사람들을 감동시켰다"고 평가했다.

어휘 한 스푼

- **매진** : 하나도 남지 아니하고 모두 다 팔려 동이 남
- **촉진** : 다그쳐 빨리 나아가게 함
- **부유한** : 재물이 넉넉한
- **성취** : 목적한 바를 이룸

어휘를 꿀떡

단어와 한자 뜻, 단어의 뜻을 써보세요.

| 촉 진 | 促 (재촉할 촉) | 進 (나아갈 진) | 다그쳐 빨리 나아가게 함 |

1 유의어
- **장려** : 좋은 일에 힘쓰도록 북돋아 줌
- **증진** : 기운이나 세력 따위가 점점 더 늘어 가고 나아감

2 기사에서는 '촉진'이 어떻게 쓰여 있는지 '촉진'이 들어간 문장을 찾아 써보세요.

3 위 단어를 넣어 한 문장 만들기를 해보세요.

문화 **211**

기사 꿀단지 열기
기사 내용에 대한 O, X 퀴즈를 풀어보세요.

1. 테일러 스위프트는 화가이다.
2. '스위프트 보트'란 테일러 스위프트가 소유하고 있는 배(보트)를 말한다.
3. 스위프트의 어린 시절 취미는 시 쓰기였다.

3-2-1 꿀뜨개
기사 내용에 대해 더 생각해봐요.

1. 기사에서 중요하다고 생각되는 단어 **3가지**를 써보세요.

2. 기사 내용 중 새롭게 알았거나 중요하다고 생각되는 것 **2가지**를 써보세요.

3. 기사 내용을 별점으로 나타내어 보고, 나의 소감도 **1문장**으로 써보세요.

월   일   요일

별점 : ☆☆☆

소감 :

별점기준
★★★ 추천해요.
★★☆ 재미있어요.
★☆☆ 읽어볼 만해요.
☆☆☆ 흥미가 없어요.

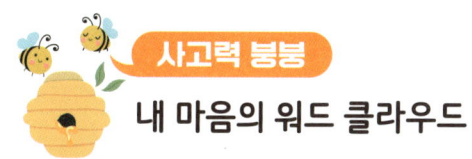

내 마음의 워드 클라우드

테일러 스위프트는 어린 시절 자신의 감정이나 경험을 글로 표현했어요. 이런 과정은 그녀가 작사와 작곡을 하는 데 도움을 주었답니다. 여러분은 요즘 어떤 감정과 생각을 갖고 있나요? 여러분의 감정과 생각을 '워드 클라우드'에 담아보세요. 하트 안에 나의 감정과 생각을 중요도에 따라 크기와 색상으로 표현해보세요.

※ 워드 클라우드 : 단어나 문구 등의 중요도에 따라 크기나 색상 등을 다르게 표현하여 강조하고 싶은 내용을 직관적으로 파악할 수 있도록 하는 시각화 기법

워드 클라우드 작성법

표현하고자 하는 단어의 중요도에 따라 글자 크기나 색깔, 굵기 등을 다르게 나타내면 된다. 중요성이 높은 단어일수록 크고 강조된 색상으로 표시한다. 또 강조하고 싶은 단어를 눈에 잘 띄는 위치에 배치할 수도 있다. 특별한 규칙 없이 자유로운 형태로 단어를 구성할 수 있다.

 **기사 꿀단지**

월 일 요일

한강 작가, 2024년 노벨 문학상 수상!

2024년 우리나라의 한강 작가가 노벨 문학상을 수상했어요. 아시아 여성 최초의 노벨 문학상 수상이자 한국인으로는 김대중 전 대통령의 평화상 수상에 이어 두 번째 노벨상 수상이에요. 스웨덴 한림원은 그녀의 작품이 역사적 트라우마와 인간 삶의 취약성을 강렬하고 실험적인 스타일로 표현했다고 평가하며, 그녀의 문학적 업적을 높이 샀어요.

한강은 1970년 서울에서 태어나 어린 시절부터 독서를 좋아하며 문학에 대한 깊은 관심을 키워 왔어요. 그녀는 다양한 책을 읽으며 상상력을 풍부하게 키워왔고, 예술과 문학을 사랑하는 가족의 영향을 받아 자연스럽게 글쓰기에 대한 열정을 가지게 되었답니다. 이러한 배경은 그녀의 대표작인 '채식주의자'와 '소년이 온다'와 같은 작품에 잘 드러나 있어요.

사회의 아픔을 이야기하는 한강의 글은 독자들에게 깊은 감동을 주고 있어요. 한강 작가의 작품이 담고 있는 주제는 독자들에게 큰 울림을 주는데, 이는 그녀의 문학이 세계적으로 주목받는 이유 중 하나이기도 해요.

한강의 수상 소식은 한국문학의 위상을 높이는 데 크게 기여하고 있어요. 많은 외국독자가 한국문학에 관심을 가지게 되었죠. 또 그녀의 책도 불티나게 팔리는 등 '일석이조'의 효과를 보고 있답니다. 이제 많은 사람들이 그녀의 작품을 읽고 싶어 하며, 이는 다른 한국작가들에게도 큰 힘이 되고 있습니다.

▲ 노벨 문학상을 수상한 한강 작가

 **꿀벌로 지식 모으기**

스웨덴 한림원

정식명칭은 스웨덴 왕립 아카데미로 1786년 구스타프 3세에 의해 설립된 학술연구기관이며, 노벨 문학상의 선정위원회를 겸하고 있다. 사실 한림원은 본래 중국 당나라의 황제였던 현종이 처음 세운 국가기관으로 학자, 문필가, 기술 인재들이 모여 국가의 문화·예술사업 및 학술활동을 담당했다. 오늘날에는 유능한 학자들이 모인 단체를 가리켜 한림원이라 부르며 세계 각국에서 이러한 한림원을 운영하고 있다. 우리나라에도 한국과학기술한림원, 한국공학한림원 등이 있다.

어휘 한 스푼

- 취약성 : 무르고 약한 성질이나 특성
- 위상 : 어떤 사람이나 일이 특정한 상황에서 처한 위치나 상태
- 기여 : 도움이 되도록 이바지함
- 일석이조 : 돌 한 개를 던져 새 두 마리를 잡는다는 뜻으로, 동시에 두 가지 이득을 봄을 이르는 말

어휘를 꿀떡

단어와 한자 뜻, 단어의 뜻을 써보세요.

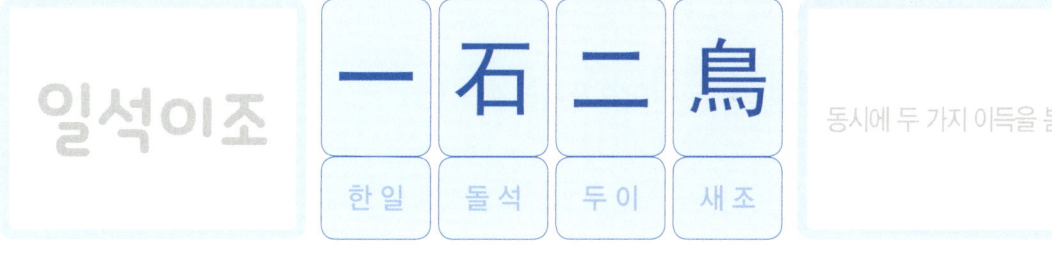

1 유의어
- 일거양득 : 한 가지 일을 하여 두 가지 이익을 얻음
- 꿩 먹고 알 먹기 : (속담) 꿩 먹고 알도 먹는다. 한 가지 일을 해 두 가지 이상의 이익을 보게 됨

2 기사에서는 '일석이조'가 어떻게 쓰여 있는지 '일석이조'가 들어간 문장을 찾아 써보세요.

3 위 단어를 넣어 한 문장 만들기를 해보세요.

기사 꿀단지 열기

기사 내용에 대한 O, X 퀴즈를 풀어보세요.

1 한강 작가는 2024년 노벨 문학상을 받았다.

2 한강 작가는 아시아 여성 최초로 노벨 문학상을 받았다.

3 한강 작가의 노벨상 수상은 한국인으로는 두 번째다.

3-2-1 꿀뜨개

기사 내용에 대해 더 생각해봐요.

1 기사에서 중요하다고 생각되는 단어 **3가지**를 써보세요.

2 기사 내용 중 새롭게 알았거나 중요하다고 생각되는 것 **2가지**를 써보세요.

3 기사 내용을 별점으로 나타내어 보고, 나의 소감도 **1문장**으로 써보세요.

월   일   요일

별점 : ☆☆☆

소감 :

별점기준
★★★ 추천해요.
★★☆ 재미있어요.
★☆☆ 읽어볼 만해요.
☆☆☆ 흥미가 없어요.

상 주기

노벨 문학상은 노벨상의 6개 분야 중 하나로, 문학 분야에서 뛰어난 기여를 한 작가에게 주어지는 상이에요. 여러분도 즐겁게 읽었던 책을 떠올려보고, 그 책의 작가에게 상을 수여해 보세요. 예시를 참고하여 상의 이름과 내용을 직접 작성해 보시기 바랍니다.

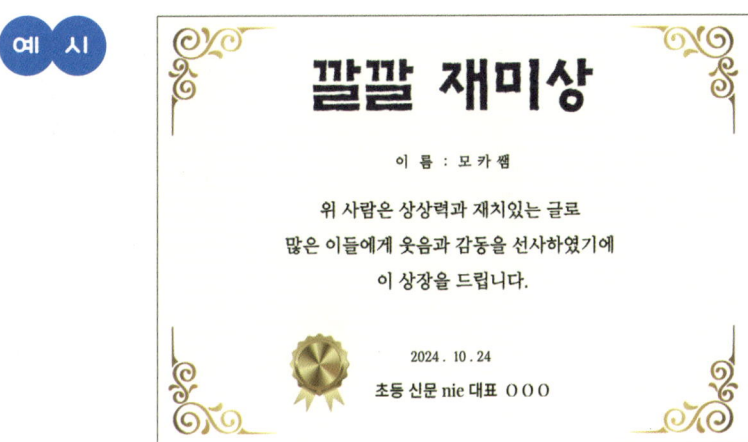

예시

깔깔 재미상

이 름 : 모카 쌤

위 사람은 상상력과 재치있는 글로
많은 이들에게 웃음과 감동을 선사하였기에
이 상장을 드립니다.

2024 . 10 . 24
초등 신문 nie 대표 ○○○

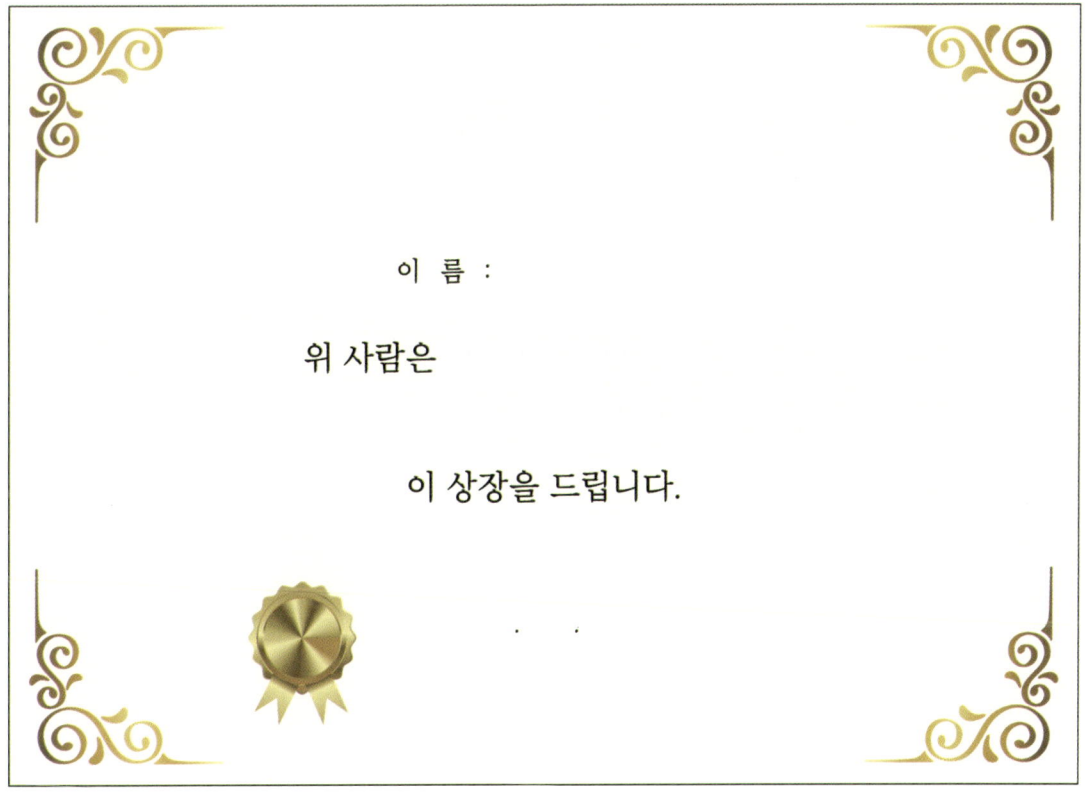

이 름 :

위 사람은

이 상장을 드립니다.

 기사 꿀단지

월   일   요일

한국 애니메이션의 새로운 아이콘, '하츄핑'

하츄핑(티니핑)은 다양한 감정을 가진 요정들이 등장하는 애니메이션으로, 캐릭터들이 저마다 독특한 개성과 매력을 지니고 있어요. 하츄핑은 어린이뿐만 아니라 가족 단위 시청자들에게도 큰 사랑을 받고 있답니다.

2024년 개봉한 영화 '사랑의 하츄핑'은 관객들로부터 뜨거운 반응을 얻었어요. 관객수가 100만 명을 넘었는데요. 한국 애니메이션이 100만 관객을 돌파한 것은 2012년 이후 12년 만이에요. 관객들은 감동적인 스토리와 화려한 비주얼, 그리고 하츄핑 특유의 유머를 높이 평가했어요. 특히 가족과 함께 즐길 수 있는 내용을 담아 많은 호응을 얻었답니다.

하츄핑의 인기 요인에는 여러 가지가 있어요. 먼저 매력적인 캐릭터와 스토리라인이 아이들의 마음을 사로잡고, 하츄핑을 보면서 친구 간의 갈등 해결이나 협력의 중요성을 자연스럽게 배울 수 있어요. 또 애니메이션, 영화, 게임 등 다양한 플

랫폼으로 콘텐츠가 확장되어 다채롭게 즐길 수 있답니다. 하츄핑은 한국 애니메이션의 대표적인 아이콘으로 자리 잡고 있어요.

관련 굿즈의 인기도 높아져, 아이들뿐만 아니라 성인 팬층도 형성되고 있답니다. 이러한 팬덤은 하츄핑의 브랜드 가치를 더욱 높이고 있으며, 콘텐츠 확장에도 도움이 될 것으로 예상돼요.

하츄핑과 같은 성공사례는 한국 애니메이션의 발전 가능성을 높이고 글로벌 경쟁력을 강화할 수 있어요. 앞으로도 다양한 장르와 스타일의 한국 애니메이션이 등장할 것으로 기대하고 있습니다.

 꿀벌로 지식 모으기

한국 애니메이션 영화 역대 관객수 TOP3

1위 마당을 나온 암탉(2011년 개봉) : 관객수 2,204,580명
2위 사랑의 하츄핑(2024년 개봉) : 관객수 1,233,731명
3위 점박이: 한반도의 공룡 3D(2012년 개봉) : 관객수 1,051,710명

어휘 한 스푼

- **개봉** : 새 영화를 처음으로 상영함
- **돌파** : 일정한 기준이나 기록 따위를 지나서 넘어섬
- **아이콘** : 어떤 분야를 대표하거나 그 분야에서 최고인 사람, 사물 등을 이르는 말
- **팬덤** : 어떤 대상의 팬들이 모인 집단을 일컫는 말

어휘를 꿀떡

단어와 한자 뜻, 단어의 뜻을 써보세요.

| 돌 파 | 突
 갑자기 돌 | 破
 깨뜨릴 파 | 일정한 기준이나 기록 따위를 지나서 넘어섬 |

1 유의어
- **경신** : 기록경기 따위에서, 종전의 기록을 깨뜨림
- **초과** : 일정한 수나 한도 따위를 넘음

2 기사에서는 '돌파'가 어떻게 쓰여 있는지 '돌파'가 들어간 문장을 찾아 써보세요.

3 위 단어를 넣어 한 문장 만들기를 해보세요.

기사 꿀단지 열기
기사 내용에 대한 O, X 퀴즈를 풀어보세요.

1. 하츄핑은 한국 애니메이션이다.   O X
2. 2024년 개봉한 하츄핑 영화는 100만 관객을 돌파하지 못했다.   O X
3. 하츄핑 영화의 제목은 '로미의 모험'이다.   O X

3-2-1 꿀뜨개
기사 내용에 대해 더 생각해봐요.

1. 기사에서 중요하다고 생각되는 단어 **3가지**를 써보세요.

2. 기사 내용 중 새롭게 알았거나 중요하다고 생각되는 것 **2가지**를 써보세요.

3. 기사 내용을 별점으로 나타내어 보고, 나의 소감도 **1문장**으로 써보세요.

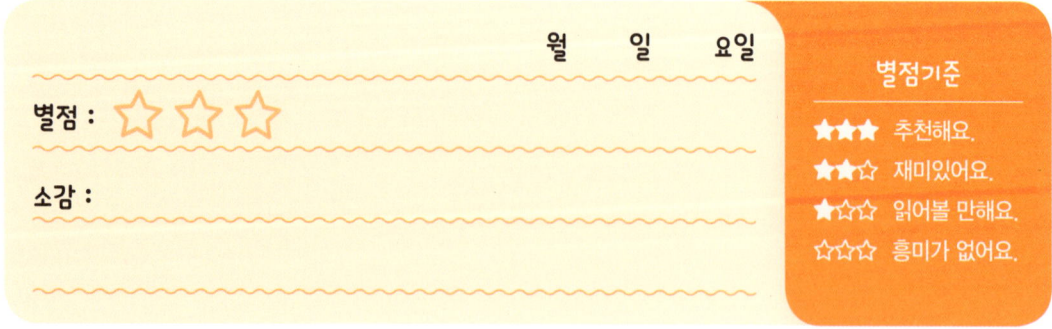

나의 하츄핑은?

하츄핑은 다양한 감정을 가진 요정들이 등장하는 애니메이션이에요. 하츄핑의 여러 요정들의 감정과 이름을 살펴보며 최근 일주일 동안 내가 들었던 감정은 어떤 'OO핑'에 가까웠는지 보기에서 이름을 찾아 일기를 써보세요.

〈 보 기 〉

사랑의 하츄핑	용기의 아자핑	희망의 차차핑	올바른 바로핑	즐거움의 라라핑
행복의 해핑	개구쟁이 키키핑	애교가득 아잉핑	부끄부끄 부끄핑	이끌림의 바네핑
덤벙대는 깜빡핑	상상력의 띠용핑	그렁그렁 주르핑	귀찮아 차나핑	분노의 화나핑
날사랑해 나르핑	겁쟁이 무셔핑	질투쟁이 투투핑	친절한 차캐핑	욕심의 다조핑

문화

초등 우리아이 처음신문

정답과 예시

1장 경제

01 원주민의 고통, 젠트리피케이션

어휘를 꿀떡

2 젠트리피케이션은 다른 곳에 비해 낙후된 지역이 활성화되면서 일어나요.
3 [예시] 많은 공장이 낙후되어 나라가 점점 가난해졌다.

기사 꿀단지 열기

1 ×   2 ○   3 ○

3-2-1 꿀뜨개

1 [예시] 예산시장, 젠트리피케이션, 원주민
2 [예시] 예산시장이 '젠트리피케이션'으로 논란이 되고 있다. / 젠트리피케이션이란 낙후된 지역이 활성화되어 임대료가 상승하면서 원주민이 밀려나는 현상이다.

02 MZ세대를 사로잡는 로코노미

어휘를 꿀떡

2 여러 지역 특산물을 기업들이 신메뉴 출시에 활용하면서 지역과 상부상조의 관계를 만들어 가고 있어요.
3 [예시] 우리나라에는 예로부터 상부상조의 전통이 전해 내려온다.

기사 꿀단지 열기

1 ○   2 ×   3 ×

3-2-1 꿀뜨개

1 [예시] 로코노미, MZ세대, 상생
2 [예시] 로코노미는 지역과 경제의 합성어이다. / 지역과 기업이 서로 상부상조의 관계를 만들어 가고 있다.

03 기후위기가 가져온 밥상물가의 위기

어휘를 꿀떡

2 [예시] 기후변화로 인한 '기후플레이션'이 우리의 밥상물가에 심각한 영향을 미치고 있어요.
3 [예시] 물가가 오르면 기업은 노동자의 임금을 인상해야 한다.

기사 꿀단지 열기

1 ×   2 ○   3 ×

3-2-1 꿀뜨개

1 [예시] 기후플레이션, 농산물 가격, 기후변화
2 [예시] 기후변화로 인해 농산물 가격이 오르는 현상이 기후플레이션이다. / 기후변화로 여러 농작물의 가격이 급등하면서 가계의 경제적 부담이 커지고 있다.

사고력 붕붕

사	과	와	기	후	변	화
오	자	미	후	면	기	수
슈	링	크	플	레	이	션
크	로	레	레	사	장	밥
림	이	농	이	다	상	소
션	신	작	션	물	상	비
빵	집	물	가	풀	력	자

04 나만의 특별한 소비, 토핑경제

어휘를 꿀떡

2 또 음식뿐만 아니라 패션에서도 토핑경제가 각광받고 있어요.

3 [예시] 우리나라 영화가 해외영화제에서 수상하면서 많은 각광을 받았다.

기사 꿀단지 열기

1 ○   2 ×   3 ○

3-2-1 꿀뜨개

1 [예시] 토핑경제, Z세대, 개인취향
2 [예시] 토핑경제는 소비자가 기본 제품에 자신이 좋아하는 것들로 나만의 특별한 물건을 만드는 것이다. / 기업들도 토핑경제에 맞춰 지속적인 변화가 가능한 제품 개발에 주력할 것이다.

05 트럼프의 관세폭탄, 한국경제의 생존 전략은?

어휘를 꿀떡

2 보호무역주의란 자국의 산업을 보호하기 위해 외국제품이 들어올 때 높은 세금을 매기는 정책인데요.

3 [예시] 세계 많은 나라들이 자국의 이익을 가장 중요시한다.

기사 꿀단지 열기

1 ×   2 ×   3 ○

3-2-1 꿀뜨개

1 [예시] 보호무역, 관세, 한국경제
2 [예시] 트럼프는 모든 수입품에 10%의 관세를 매길 수 있다고 밝혔다. / 우리나라는 수출에 많이 의존하는 경제구조를 갖고 있다.

사고력 붕붕

1 미국을 다시 위대하게
2 제47대
3 관세
4 자동차, 이차전지, 전자제품
5 조국 또는 본국
6 보호무역

06 한국 조선업, 세계시장에서 주목받다

어휘를 꿀떡

2 80년대 중반에는 인위적인 해운산업 통폐합으로 한때 침체의 늪에 빠지기도 했습니다.

3 [예시] 그 선수가 은퇴한 후에 팀은 오랜 침체에 빠졌다.

기사 꿀단지 열기

1 ○   2 ○   3 ×

3-2-1 꿀뜨개

1 [예시] 조선업, 기술력, 세계 1위
2 [예시] 한국 조선업체들은 최신 기술을 활용하여 고품질의 선박을 제작하고 있다. / 한국 조선업은 세계 1위이다.

사고력 붕붕

1970년대 : 대형 조선소가 생기면서 대형선박을 건조할 수 있게 되었고, 한국은 점차 어엿한 조선국으로 성장했다.

1980년대 : 80년 중반에는 인위적인 해운산업 통폐합으로 침체의 늪에 빠지기도 했으나, 80년대 말부터 다시 호황기를 맞았다.

2000년대 : 한국 조선업이 세계 1위 자리에 올랐다.

07 김값이 금값? '김플레이션'

어휘를 꿀떡

2 정부는 국내의 김 생산을 늘리기 위해 민간 업체에 자금을 지원하고, 생산면적을 확대하는 등의 노력을 기울이고 있답니다.
3 [예시] 회사는 자금을 빌리기 위해 은행에서 대출을 받았다.

기사 꿀단지 열기

1 ✕   2 ◯   3 ◯

3-2-1 꿀뜨개

1 [예시] 김플레이션, 수출, 생산
2 [예시] 인플레이션은 물건의 가격이 전반적으로 오르는 것을 말한다. / 물건 가격이 오르면 국내 소비자에게 공급되는 물건의 양이 줄어들고, 이로 인해 가격이 오른다.

사고력 붕붕

1 수출   2 생산자
3 수요   4 공급
5 생산량   6 도매
7 인플레이션

08 글로벌 부유세, 슈퍼리치를 겨냥하다!

어휘를 꿀떡

2 [예시] 글로벌 부유세는 전 세계에서 손꼽히는 부자들인 '슈퍼리치' 3,000명에게 그들 재산의 최소 2%를 세금으로 부과하는 제도예요.
3 [예시] 정부는 국민에게 걷은 세금으로 나랏일을 한다.

기사 꿀단지 열기

1 ◯   2 ◯   3 ✕

3-2-1 꿀뜨개

1 [예시] 부유세, G20, 사회 불평등
2 [예시] 글로벌 부유세는 전 세계의 슈퍼리치에게 세금 2%를 부과하는 제도이다. / 부유세를 통해 얻은 돈을 사회 불평등을 줄이는 데 사용하려 한다.

사고력 붕붕

찬성 : 글로벌 부유세로 확보한 재원으로 사회 불평등을 해소하고 기후변화, 고령화에 대응할 수 있다.
반대 : 부유세가 경제성장에 나쁜 영향을 줄 수 있고, 부유한 사람들이 세금을 피하고자 돈을 다른 나라로 옮길 수도 있다. 그래서 오히려 세수가 줄어들 수 있다.

09 작은 사치로 큰 행복, 스몰럭셔리

어휘를 꿀떡

2 고급스런 망고빙수를 통해 한정된 비용으로 작은 사치를 누릴 수 있다며 자신을 위한 소비로서 심리적 만족감을 얻기도 했어요.
3 [예시] 전쟁 때문에 국민들이 심리적으로 불안을 느끼고 있다.

기사 꿀단지 열기

1 ✕   2 ◯   3 ✕

3-2-1 꿀뜨개

1 [예시] 스몰럭셔리, MZ세대, 소비트렌드
2 [예시] 스몰럭셔리는 고급스러운 물건을 비교적 저렴한 가격으로 즐기는 것을 말한다. / 스몰럭셔리는 MZ세대의 가치소비 트렌드와 성격이 비슷하다.

2장 사회

01 AI를 믿을 수 있을까?

어휘를 꿀떡

2 또한, AI 시스템은 학습하는 데이터에 따라 편향된 결정을 내릴 수 있어요.
3 [예시] 자기주장만 편향되게 내세우면 사회의 갈등이 심해질 수 있다.

기사 꿀단지 열기

1 ×   2 ○   3 ○

3-2-1 꿀뜨개

1 [예시] AI, 개인정보, 편향
2 [예시] AI의 사용으로 자칫 개인의 프라이버시가 침해될 위험이 있다. / AI는 학습 데이터에 따라 다른 판단과 결정을 할 수 있다.

02 퓨전한복, '전통문화 알려 vs 전통가치 훼손'

어휘를 꿀떡

2 [예시] 반면 퓨전한복이 전통한복의 본질을 훼손하고 가치를 저하시킨다고 우려하는 목소리도 있어요.
3 [예시] 과학자들이 기후변화로 지구에 많은 문제가 발생할 것이라 우려하고 있다.

기사 꿀단지 열기

1 ×   2 ○   3 ×

3-2-1 꿀뜨개

1 [예시] 퓨전한복, 전통한복, 정체성
2 [예시] 한복을 입으면 경복궁에 무료로 입장할 수 있다. / 퓨전한복의 가치와 의미에 대한 논의가 이뤄지고 있다.

03 "족보가 족발보쌈 세트?" 아이들의 문해력

어휘를 꿀떡

2 선생님들은 학생들의 문해력을 개선하기 위한 몇 가지 방법을 제안했어요.
3 [예시] 외교를 통해 다른 나라와의 관계를 개선하는 것이 중요하다.

기사 꿀단지 열기

1 ×   2 ○   3 ×

3-2-1 꿀뜨개

1 [예시] 문해력, 디지털기기, 책읽기
2 [예시] 선생님들은 학생들의 문해력 저하의 원인으로 디지털기기의 과도한 사용을 가장 많이 지적했다. / 책을 많이 읽는 것이 문해력 향상에 큰 도움이 된다.

04 늘어나는 노○○존, 서로 배려하고 이해해요

어휘를 꿀떡

2 사람들이 특정 연령층에 대해 부정적인 편견을 가지게 될까 걱정되는 거죠.
3 [예시] 인종차별은 특정 인종을 편견으로 바라보기 때문에 생긴다.

기사 꿀단지 열기

1 ×   2 ×   3 ○

3-2-1 꿀뜨개

1 [예시] 노○○존, 혐오, 배제
2 [예시] 노○○존이 사회에서 혐오를 부추길 수 있다는 우려가 커지고 있다. / 노○○존 같은 용어들은 우리사회의 갈등을 반영하고 있다.

05 소셜미디어로부터 청소년을 지켜라

어휘를 꿀떡
2 [예시] 호주의 총리는 16세 미만 청소년의 소셜미디어 이용을 금지하는 법안을 제정하겠다고 발표했답니다.
3 [예시] 국회의원이 하는 가장 대표적인 일 중 하나는 법을 제정하는 것이다.

기사 꿀단지 열기
1 × 2 × 3 ×

3-2-1 꿀뜨개
1 [예시] 청소년, SNS, 법안
2 [예시] 미국, 호주, 유럽에서는 청소년의 소셜미디어 사용을 제한하려 한다. / 청소년들이 SNS로 인해 우울증과 불안감을 느낄 수 있다.

06 새로운 문화공간 팝업스토어

어휘를 꿀떡
2 또한, 브랜드를 이용할 의향이 생겨 매출이 증가하는 결과로 이어질 수 있어요.
3 [예시] 코로나19로 사람들이 외식을 줄이면서, 음식점들의 매출이 크게 떨어졌다.

기사 꿀단지 열기
1 ○ 2 ○ 3 ×

3-2-1 꿀뜨개
1 [예시] 팝업스토어, 매출, 인지도
2 [예시] 팝업스토어는 일시적으로 운영되는 상점을 뜻한다. / 팝업스토어로 제품에 대한 소비자의 관심을 끌 수 있다.

07 소싸움, '전통문화 vs 동물학대'

어휘를 꿀떡
2 전통과 현대의 가치가 충돌하는 이 문제가 앞으로 어떻게 해결될지 많은 사람들이 관심을 가져야 합니다.
3 [예시] 토론자 간의 주장이 강하게 충돌하면서 토론장의 열기가 뜨거워졌다.

기사 꿀단지 열기
1 ○ 2 × 3 ×

3-2-1 꿀뜨개
1 [예시] 소싸움, 국가무형유산, 동물자유연대
2 [예시] 소싸움은 오랫동안 농촌에서 즐겨온 전통 경기이다. / 동물보호단체는 소싸움이 동물학대라고 주장한다.

08 출산율이 낮아진 한국, 어떻게 해결할까?

어휘를 꿀떡
2 부모님이 일과 양육을 병행할 수 있도록 돕는 정책을 시행하고 있는데요.
3 [예시] 몸무게를 줄이기 위해서는 운동과 식이요법을 병행하는 것이 좋다.

기사 꿀단지 열기
1 ○ 2 × 3 ○

3-2-1 꿀뜨개
1 [예시] 출산율, 저출산, 정책
2 [예시] 현재 우리나라의 출산율은 매우 낮다. / 다른 나라에서는 출산율을 높이기 위해 다양한 정책을 사용하고 있다.

사고력 뿡뿡
(1) 프랑스. (2) 스웨덴, (3) 독일, (4) 일본, (5) 한국
출산율이 가장 높은 나라 : 프랑스
출산율이 가장 낮은 나라 : 한국

09 항공사 컵라면 서비스 중단, 차별 아닌가요?

어휘를 꿀떡

2 그러나 많은 승객들은 "일반석에서만 컵라면 서비스를 중단하는 것은 이해할 수 없다"며 불만을 제기하고 있어요.
3 [예시] 기자는 사회에서 벌어지는 문제와 사건에 의문을 제기하고 질문하는 직업이다.

기사 꿀단지 열기

1 ○   2 ×   3 ×

3-2-1 꿀뜨개

1 [예시] 항공사, 컵라면, 형평성
2 [예시] 비행 중 안전을 이유로 일반석에서는 컵라면을 먹을 수 없다. / 좌석에 따라 컵라면을 먹거나 먹지 못하게 되자, 승객들은 형평성이 없다고 지적했다.

3장 국제

01 원숭이 대탈출! 주민들은 불안해요

어휘를 꿀떡

2 태국의 롭부리시에서 약 200마리의 원숭이가 동물보호소에서 탈출해 큰 소동을 일으켰어요.
3 [예시] 공공장소에서 소동을 일으켜 다른 사람들을 불쾌하게 만들어서는 안 된다.

기사 꿀단지 열기

1 ○   2 ○   3 ○

3-2-1 꿀뜨개

1 [예시] 롭부리시, 원숭이, 탈출
2 [예시] 롭부리시의 원숭이들이 동물보호소에서 탈출해 큰 소동을 일으켰다. / 주민들은 원숭이들의 습격으로 큰 불안감을 느끼고 있다.

02 노트르담 대성당, 다시 열리다

어휘를 꿀떡

2 [예시] 이후 노트르담 대성당은 5년 8개월 동안 복원 작업을 진행했어요.
3 [예시] 낙서로 훼손된 경복궁의 담벼락을 복원하는 데 많은 비용이 든다.

기사 꿀단지 열기

1 ○   2 ×   3 ×

3-2-1 꿀뜨개

1 [예시] 노트르담 대성당, 화재, 복원
2 [예시] 노트르담 대성당에 화재가 발생해 첨탑과 목조지붕이 타버렸다. / 2024년 12월 9일부터 일반인은 무료로 대성당에 입장할 수 있다.

03 논란 속의 우크라이나 전쟁 관광

어휘를 꿀떡

2 그러나 많은 주민들은 이를 '피 묻은 돈'으로 간주해요.
3 [예시] 내가 그 문제에 대해 반대하자, 사람들은 나를 적으로 간주했다.

기사 꿀단지 열기

1 ○   2 ×   3 ○

3-2-1 꿀뜨개

1 [예시] 우크라이나, 전쟁 관광, 다크투어리즘
2 [예시] 우크라이나에서 다크투어리즘으로서 전쟁 관광이 주목받고 있다. / 전쟁 관광은 전쟁의 참상을 직접 체험할 수 있는 투어이다.

04 아름다운 바르셀로나, 관광객이 너무 많아요!

어휘를 꿀떡

2 스페인의 건축가 안토니 가우디가 설계한 사그라다 파밀리아 성당은 꼭 가봐야 할 명소로 유명하답니다.
3 [예시] 우리 동네에는 명소가 있어서 많은 사람들이 찾아온다.

기사 꿀단지 열기

1 × 2 ○ 3 ○

3-2-1 꿀뜨개

1 [예시] 바르셀로나, 관광, 오버투어리즘
2 [예시] 바르셀로나에 최근 오버투어리즘이라는 문제가 생기고 있다. / 오버투어리즘은 너무 많은 관광객이 몰려 발생하는 문제를 말한다.

사고력 붕붕

오버투어리즘의 문제점: 주민들이 소음과 혼잡함 때문에 불편함을 느낀다. 환경도 오염될 수 있다. 물가가 올라 현지주민들이 생활하기 어려워질 수 있다.

05 에베레스트에 등반할 때는 배변봉투 지참!

어휘를 꿀떡

2 쓰레기는 단순히 에베레스트의 미관을 해치는 것을 넘어, 생태계와 환경에 큰 영향을 미치고 있어요.
3 [예시] 아름다웠던 산골짜기에 공장이 들어서면서 미관을 해쳤다.

기사 꿀단지 열기

1 × 2 × 3 ○

3-2-1 꿀뜨개

1 [예시] 에베레스트, 쓰레기, 지침
2 [예시] 에베레스트가 등산객이 남기는 쓰레기로 문제를 겪고 있다. / 네팔정부가 에베레스트 등산객들에게 배변봉투를 챙기도록 했다.

06 이집트 피라미드 건설의 비밀

어휘를 꿀떡

2 또, '지류'는 강의 주된 흐름에서 갈라진 물줄기를 지칭해요.
3 [예시] 그녀는 내 친구를 지칭하며 좋아하는 사람이라고 말했다.

기사 꿀단지 열기

1 × 2 ○ 3 ×

3-2-1 꿀뜨개

1 [예시] 아흐라마트 지류, 피라미드, 이집트
2 [예시] 피라미드는 고대 나일강의 아흐라마트 지류를 따라 건설됐다. / 고대 이집트인들에게 나일강은 고속도로와 같은 역할을 했다.

07 인도네시아에서 개발한 '물고기 우유'

어휘를 꿀떡

2 그러나 일부 소비자들은 물고기 우유가 설탕과 인공감미료를 섞은 초가공 식품이라는 점에 대해 우려를 표명하고 있어요.
3 [예시] 대표는 실패에 대한 책임을 진다며 사의를 표명했다.

기사 꿀단지 열기

1 × 2 × 3 ×

3-2-1 꿀뜨개

1 [예시] 인도네시아, 물고기 우유, 단백질

2 [예시] 인도네시아에서 최근 젖소의 수가 줄어들면서 우유를 만드는 데 어려움이 생겼다. / 인도네시아에서 물고기를 갈아 만든 '물고기 우유'를 개발했다.

08 콜로세움, 테마파크로 변신? 검투사 체험 논란

어휘를 꿀떡

2 에어비앤비는 '콜로세움 고고학 공원'과 150만 달러 규모의 후원 계약을 체결했는데요.
3 [예시] 우리나라는 미국과 엄청난 규모의 무역협정을 체결했다.

기사 꿀단지 열기

1 × 2 ○ 3 ×

3-2-1 꿀뜨개

1 [예시] 콜로세움, 에어비앤비, 검투사 체험
2 [예시] 에어비앤비가 콜로세움에서 검투사 체험 이벤트를 열자 논란이 됐다. / 로마의 시의원은 문화재를 상품화하는 것에 반발한다.

사고력 붕붕

찬성 : 이벤트로 콜로세움의 역사와 문화를 더욱 잘 알릴 수 있다.
반대 : 콜로세움은 모든 사람이 누릴 수 있는 공간이어야 한다. 문화재를 상품화하는 것은 옳지 않다.

09 파나마 운하, 기후변화의 도전에 직면하다

어휘를 꿀떡

2 하지만 최근 파나마 운하는 여러 가지 어려움에 직면하고 있어요.
3 [예시] 벼랑의 끝에 선 것처럼 위험한 상황에 직면했다.

기사 꿀단지 열기

1 × 2 ○ 3 ○

3-2-1 꿀뜨개

1 [예시] 파나마 운하, 물 부족, 기후변화
2 [예시] 파나마 운하는 대서양과 태평양을 연결하는 중요한 수로이다. / 최근 가뭄과 기후변화로 인해 파나마 운하의 운영에 어려움이 발생하고 있다.

사고력 붕붕

4장 과학

01 나무로 만든 인공위성, 리그노샛

어휘를 꿀떡

2 리그노샛은 국제우주정거장(ISS)에 도착한 후 한 달 뒤에 우주로 방출되었습니다.
3 [예시] 물을 가둔 댐이 수문을 열자 엄청난 양의 물이 방출되기 시작했다.

기사 꿀단지 열기

1 ○ 2 × 3 ×

3-2-1 꿀뜨개

1 [예시] 인공위성, 리그노샛, 우주쓰레기

2 [예시] 일본에서 세계 최초로 나무로 만든 인공위성 리그노샛을 발사했다. / 리그노샛은 우주쓰레기 문제 해결에 도움이 될 것으로 기대된다.

사고력 붕붕

극한, 나무, 연소, 10cm, 1kg, 국제우주정거장, 방출, 데이터, 다양한 재료, 나무, 연소, 우주쓰레기

02 말라리아의 습격, 예방수칙을 잘 지켜요

어휘를 꿀떡

2 말라리아는 단세포 생물인 말라리아 원충에 감염된 모기가 사람의 피를 빨면서 전파되는 질병이에요.
3 [예시] 사막의 유목민들에 의해 동서양의 다양한 문화가 전파됐다.

기사 꿀단지 열기

1 × **2** × **3** ○

3-2-1 꿀뜨개

1 [예시] 말라리아, 모기, DMZ
2 [예시] 최근 수도권을 중심으로 말라리아 환자가 급격히 증가했다. / 비무장지대에 서식하는 말라리아 매개 모기들이 우리나라로 내려온다.

03 머지않게 타게 될 자율주행 자동차

어휘를 꿀떡

2 도로상황이 복잡하거나 예상치 못한 장애물이 발생했을 때 대처가 아직 완벽하지 않아요.
3 [예시] 국민들이 외국의 역사왜곡에 대한 정부의 강력한 대처를 요구했다.

기사 꿀단지 열기

1 ○ **2** ○ **3** ×

3-2-1 꿀뜨개

1 [예시] 로보택시, 자율주행, 안정성
2 [예시] 로보택시는 운전자 없이도 스스로 도로를 주행할 수 있다. / 로보택시는 다양한 센서와 카메라를 사용해 도로의 상황을 판단할 수 있다.

04 미래의 에너지원, 재생에너지

어휘를 꿀떡

2 태양과 바람을 이용해 전기를 만들면, 환경을 보호하고 경제적으로도 이득을 볼 수 있어요.
3 [예시] 땅값이 오르면서 그는 큰 이득을 보았다.

기사 꿀단지 열기

1 × **2** × **3** ○

3-2-1 꿀뜨개

1 [예시] 재생에너지, 전력수요, 환경보호
2 [예시] 2030년까지 재생에너지가 전 세계 전력수요의 거의 절반을 차지할 것이다. / 재생에너지를 사용하면 온실가스를 줄일 수 있다.

05 벼락이 떨어졌다! 안전하게 대피해요

어휘를 꿀떡

2 이러한 기상조건이 벼락사고를 유발한 것으로 보여요.
3 [예시] 도로에서 벌어진 사고가 교통체증을 유발했다.

기사 꿀단지 열기

1 × **2** ○ **3** ○

3-2-1 꿀뜨개

1 [예시] 뇌우, 벼락, 안전수칙
2 [예시] 벼락이 칠 것 같은 상황에서는 즉시 안전한 장소로 이동해야 한다. / 벼락이 발생했다면 빗물 웅덩이 주변에 있지 말아야 한다.

06 소금으로 전기를 저장한다?

어휘를 꿀떡

2 화재 진압이 쉽지 않아 재점화의 가능성이 컸고, 유독가스도 발생해 매우 위험한 상황이었답니다.
3 [예시] 경찰이 시위대를 폭력적으로 진압해 논란이 됐다.

기사 꿀단지 열기

1 ○   2 ○   3 ×

3-2-1 꿀뜨개

1 [예시] 나트륨, 전지, 폭발
2 [예시] 리튬이온전지는 내부 온도상승에 취약한 특성을 가진다. / 나트륨이온전지는 폭발위험이 적고, 리튬이온전지보다 더 저렴하다.

07 스페이스X의 스타십, 수직 착륙 성공

어휘를 꿀떡

2 이 과정에서 '젓가락 팔'이라고 불리는 대형 로봇 팔이 하강하는 로켓을 공중에서 잡는 장면이 시선을 끌었답니다.
3 [예시] 주가가 연일 하강 곡선을 그리고 있다.

기사 꿀단지 열기

1 ×   2 ○   3 ×

3-2-1 꿀뜨개

1 [예시] 스타십, 메카질라, 우주탐사
2 [예시] 스페이스X가 발사했던 우주선 추진체를 다시 수직 착륙시키는 데 성공했다. / 스타십의 시험비행은 우주비행사가 탑승하지 않은 무인 비행으로 진행되었다.

08 제주도의 특별한 아나운서

어휘를 꿀떡

2 [예시] 또한, 실제 아나운서를 고용하는 것보다 비용이 적게 들어 예산을 절약해 영상뉴스를 제작할 수 있게 되었다고 전했어요.
3 [예시] 나라의 경제를 살리기 위해서는 기업이 사람들을 적극적으로 고용해야 한다.

기사 꿀단지 열기

1 ○   2 ×   3 ○

3-2-1 꿀뜨개

1 [예시] 제주도청, 아나운서, 버추얼 휴먼
2 [예시] AI 아나운서는 시공간을 초월해 언제든 정보를 전달할 수 있다. / 실제 아나운서보다 AI 아나운서를 고용하는 것이 비용이 적게 든다.

09 초록색의 '추풍낙엽', 계절을 착각한 나무

어휘를 꿀떡

2 그래서 나무는 영양분이 잎에 도달하는 것을 막아 남은 영양분으로 겨울을 보내요.
3 [예시] 그 선수는 훈련과 노력을 통해 세계적인 수준에 도달했다.

기사 꿀단지 열기

1 ×   2 ○   3 ×

3-2-1 꿀뜨개

1 [예시] 이상기후, 엽록소, 단풍
2 [예시] 단풍 색깔로 변하기도 전에 녹색 나뭇잎으로 떨어지는 이유는 이상기후 때문이다. / 나무도 이상기후 때문에 계절을 착각할 수 있다.

5장 환경

01 라니냐? 어떤 영향을 주나?

어휘를 꿀떡

2 라니냐에 대해 더 많이 이해하고 기후변화에 대한 경각심을 높인다면, 더 나은 미래를 만들 수 있답니다.

3 [예시] 그 사건은 시민에게 안전에 대한 경각심을 일깨워주었다.

기사 꿀단지 열기

1 ×   2 ○   3 ○

3-2-1 꿀뜨개

1 [예시] 라니냐, 태평양, 기후변화
2 [예시] 라니냐는 태평양의 바닷물이 평소보다 차가워져 기후에 영향을 주는 현상이다. / 라니냐 때문에 어떤 지역은 홍수가 일어나고, 또 다른 지역은 가뭄이 일어날 수 있다.

사고력 붕붕

가뭄의 영향 : 반대로 남미의 일부 지역에서는 가뭄이 심해질 수 있어요.
기후변화와 우리의 역할 : 라니냐를 이해하고, 기후변화에 대처하는 작은 행동이 큰 변화를 이끌 수 있어요.

02 엘니뇨로 하얗게 질려버린 산호초

어휘를 꿀떡

2 이는 산호가 자신을 보호하기 위해 공생하는 조류와 분리되기 때문이에요.

3 [예시] 악어와 악어새는 서로 공생하는 관계에 있다.

기사 꿀단지 열기

1 ×   2 ○   3 ○

3-2-1 꿀뜨개

1 [예시] 엘니뇨, 산호초, 백화현상
2 [예시] 엘니뇨는 라니냐와 반대되는 현상이다. / 바다의 온도가 너무 높아지면 산호가 스트레스를 받아 백화현상이 발생한다.

03 미래의 먹거리 '식용곤충'

어휘를 꿀떡

2 또한, 곤충은 상대적으로 적은 면적의 토지에서 기를 수 있어 자원을 효율적으로 사용할 수 있죠.

3 [예시] 새로 개발된 자동차의 엔진은 연료 효율이 떨어졌다.

기사 꿀단지 열기

1 ×   2 ×   3 ○

3-2-1 꿀뜨개

1 [예시] 식용곤충, 환경, 먹거리
2 [예시] 식용곤충은 생산과정에서 환경에 미치는 영향이 적다. / 식용곤충은 다양한 영양소를 풍부하게 함유하고 있다.

사고력 붕붕

식용곤충의 종류 : 메뚜기, 귀뚜라미, 밀웜
식용곤충의 영양소 : 단백질, 비타민, 미네랄
식용곤충이 환경에 미치는 긍정적 영향 : 곤충을 기르는 데 필요한 자원과 온실가스 배출이 적다.
식용곤충 사육의 장점 : 다른 가축에 비해 생산비용이 낮고, 필요한 물의 양도 적다. 상대적으로 적은 면적의 토지에서 기를 수 있다.

04 새로운 과일 지도, 국내산 망고 등장!

어휘를 꿀떡

2 [예시] 전남 고흥에서는 스페인, 그리스 등 남유럽에서 주로 재배되는 올리브도 생산되고 있어요.

3 [예시] 쌀의 생산이 늘고 소비는 줄어 남는 쌀이 창고에 쌓이고 있다.

기사 꿀단지 열기

1 ×   2 ○   3 ×

3-2-1 꿀뜨개

1 [예시] 기후변화, 열대과일, 재배
2 [예시] 기후변화로 인해 더운 나라에서만 자생하던 열대과일을 이제 우리나라에서도 재배하게 되었다. / 기후변화가 우리나라의 농업에 큰 변화를 가져오고 있다.

05 스위스 빙하의 눈물

어휘를 꿀떡

2 [예시] 최근 스위스의 빙하가 놀라운 속도로 녹고 있어요.
3 [예시] 에스키모인들의 조상은 빙하 위를 걸어 북극으로 이동한 것으로 보인다.

기사 꿀단지 열기

1 ○   2 ×   3 ○

3-2-1 꿀뜨개

1 [예시] 빙하, 스위스, 지구온난화
2 [예시] 빙하가 녹으면 지구의 해수면이 높아진다. / 빙하가 녹으면 생태계에 영향을 미친다.

06 젖소도 놀란 덴마크의 방귀세

어휘를 꿀떡

2 하지만 덴마크의 농민들은 방귀세에 크게 반발하고 있어요.
3 [예시] 마을에 공장이 들어다는 소식이 들려오자 주민들이 크게 반발했다.

기사 꿀단지 열기

1 ○   2 ○   3 ○

3-2-1 꿀뜨개

1 [예시] 덴마크, 방귀세, 가축
2 [예시] 덴마크가 최근 축산농가에 방귀세를 부과하겠다고 발표했다. / 방귀세는 가축사육 과정에서 발생하는 메탄가스에 매기는 세금이다.

07 제로웨이스트, 지구를 지키는 멋진 방법!

어휘를 꿀떡

2 예를 들어, 플라스틱 빨대나 일회용 젓가락 등 불필요한 물건을 거부해보세요.
3 [예시] 그가 제안한 조건은 나에게 거부할 수 없는 것이었다.

기사 꿀단지 열기

1 ○   2 ×   3 ○

3-2-1 꿀뜨개

1 [예시] 제로웨이스트, 환경, 쓰레기
2 [예시] 제로웨이스트는 쓰레기를 '제로'로 만든다는 뜻이다. / 제로웨이스트에는 다섯 가지 원칙이 있다.

08 지구의 온도계, 우리가 바로 히어로!

어휘를 꿀떡

2 하지만 작은 실천을 통해 이 문제를 해결하고 온실가스를 감축할 수 있어요.
3 [예시] 회사 사정이 어려워지자 고용을 감축하고 직원들을 해고하기 시작했다.

기사 꿀단지 열기

1 ×   2 ○   3 ○

3-2-1 꿀뜨개

1 [예시] 지구온난화, 온실가스, 이산화탄소
2 [예시] 온실가스는 주로 화석연료를 태우면서 발생된다. / 온실가스는 대기에 머물며 지구의 기온을 올리는 역할을 한다.

09 LA 산불, 기후변화가 가져온 경고

어휘를 꿀떡

2 산불로 인한 경제적 손실은 약 1,500억 달러, 우리 돈으로 약 220조 원으로 예상돼요.
3 [예시] 전쟁은 국가의 인력과 자원에 큰 손실을 입힌다.

기사 꿀단지 열기

1 ○   2 ×   3 ×

3-2-1 꿀뜨개

1 [예시] LA 산불, 기후변화, 온실가스
2 [예시] 로스앤젤레스에서 발생한 산불로 인해 인명피해와 경제적 손실이 있었다. / 기후변화가 산불의 위험성을 증가시키고 있다.

사고력 붕붕

구름 : LA 산불, 기후변화가 가져온 경고
왼쪽 나뭇잎 : 2025년 1월 7일 미국 로스앤젤레스 지역에서 동시다발적으로 산불이 일어남. 강한 바람과 건조한 날씨로 인해 산불 진압에 어려움 겪음. 수십 명의 인명피해와 1,500억 달러의 경제적 손실 발생
가운데 나뭇잎 : 화석연료 → 지구온난화 → 더운 날과 건조한 날이 많아짐 → 산불의 위험성 커짐
오른쪽 나뭇잎 : 극단적 날씨 패턴이 앞으로도 계속됨. 온실가스 배출 감소, 산불 예방정책 강화, 기후변화 관련 교육, 과학적 연구지원 등을 제안함

6장 문화

01 피라미드 앞에 우뚝 선 강익중의 '네 개의 신전'

어휘를 꿀떡

2 전 세계 12명의 작가가 참여한 이 전시회에 한국 최초로 강익중 작가가 초청되어 멋진 작품을 만들었다고 합니다.
3 [예시] 학교에서는 우리나라의 유명 작가를 초청해 강연을 열었다.

기사 꿀단지 열기

1 ○   2 ×   3 ○

3-2-1 꿀뜨개

1 [예시] 강익중, 이집트, 네 개의 신전
2 [예시] 강익중 작가는 이집트에서 '네 개의 신전'이라는 작품으로 전시회를 열었다. / 강익중 작가의 작품은 한국민요 '아리랑'의 가사를 여러 언어로 표현하였다.

02 미키마우스, 저작권의 마법이 풀리다

어휘를 꿀떡

2 그런데 2024년 1월 1일에 미키마우스의 첫 번째 애니메이션인 '증기선 윌리'의 저작권이 만료하게 되었어요.
3 [예시] 학교회장의 임기가 만료되면서 새로운 회장이 선출되었다.

기사 꿀단지 열기

1 ○   2 ○   3 ×

3-2-1 꿀뜨개

1 [예시] 미키마우스, 저작권, 만료

2 예시 저작권은 작품에 대한 창작자의 권리를 보호해주는 법이다. / 미키마우스의 첫 번째 애니메이션인 '증기선 윌리'의 저작권이 만료됐다.

03 테일러 스위프트의 영향력

어휘를 꿀떡

2 이런 행동은 팬들의 정치적 참여를 촉진하는 데 큰 역할을 하고 있답니다.

3 예시 기업에서는 상품의 판매를 촉진하기 위해 다양한 방법을 사용한다.

기사 꿀단지 열기

1 × **2** × **3** ○

3-2-1 꿀뜨개

1 예시 테일러 스위프트, 현대 음악산업, 신조어

2 예시 테일러 스위프트는 현대 음악산업에 큰 영향을 미치고 있다. / 스위프트는 음악을 통해 많은 이들에게 희망과 위로를 주고 있다.

04 한강 작가, 2024년 노벨 문학상 수상

어휘를 꿀떡

2 또 그녀의 책도 불티나게 팔리는 등 '일석이조'의 효과를 보고 있답니다.

3 예시 지역축제는 지역의 경제도 살리고, 인구도 늘리는 일석이조의 역할을 하고 있다.

기사 꿀단지 열기

1 ○ **2** ○ **3** ○

3-2-1 꿀뜨개

1 예시 노벨문학상, 한강, 아시아 여성 최초

2 예시 한강 작가의 노벨문학상 수상은 아시아 여성 최초이다. / 우리나라 사람의 노벨상 수상은 김대중 전 대통령의 평화상이 처음이다.

05 한국 애니메이션의 새로운 아이콘, '하츄핑'

어휘를 꿀떡

2 한국 애니메이션이 100만 관객을 돌파한 것은 2012년 이후 12년 만이에요.

3 예시 공을 가진 선수가 상대팀 수비수 사이를 돌파해 들어갔다.

기사 꿀단지 열기

1 ○ **2** × **3** ×

3-2-1 꿀뜨개

1 예시 하츄핑, 100만 관객, 아이콘

2 예시 우리나라 애니메이션 중 100만 관객을 돌파한 작품은 많지 않다. / 하츄핑을 좋아하는 성인 팬들도 생겨나고 있다.

[이미지 출처]

연합뉴스(www.yna.co.kr)
클립아트코리아(www.clipartkorea.co.kr)
캔바(www.canva.com)

초등 우리아이 처음신문

초 판 발 행	2025년 03월 05일 (인쇄 2025년 02월 07일)
발 행 인	박영일
책 임 편 집	이해욱
편 저	김민정(모카쌤)
편 집 진 행	김준일 · 남민우
표지디자인	하연주
편집디자인	신지연 · 김휘주
발 행 처	(주)시대고시기획
출 판 등 록	제10-1521호
주 소	서울시 마포구 큰우물로 75 [도화동 538 성지 B/D] 9F
전 화	1600-3600
팩 스	02-701-8823
홈 페 이 지	www.sdedu.co.kr

I S B N	979-11-383-8730-9 (74710)
정 가	20,000원

※ 이 책은 저작권법의 보호를 받는 저작물이므로 동영상 제작 및 무단전재와 배포를 금합니다.
※ 잘못된 책은 구입하신 서점에서 바꾸어 드립니다.